NICOLÁS BUENAVENTURA

La importancia de hablar mierda

O los hilos invisibles del tejido social

MAGISTERIO EDITORIAL

Título: La importancia de hablar mierda
O los hilos invisibles del tejido social

Autor: Nicolás Buenaventura

©Nicolás Buenaventura
ISBN: 978-958-20-1313-4
Primera edición: 1995
Cuarta edición: 2018

© **Cooperativa Editorial Magisterio**
Diagonal 36 bis No. 20-70
Teléfono: 0571-3383605
Bogotá D.C Colombia
www.magisterio.com.co

· ·

Buenaventura Alder, Nicolás, 1918-2008
    La importancia de hablar mierda, o, Los hilos invisibles del tejido social / Nicolás Buenaventura. -- 4a. ed. -- Bogotá : Editorial Magisterio, 2018. p.
    ISBN 978-958-20-1313-4
    1. Buenaventura Alder, Nicolás, 1918-2008 - Crítica e interpretación 2. Cultura - Ensayos, conferencias, etc. 3. Interacción social - Ensayos, conferencias, etc. I. Título

    CDD: 306 ed. 23   CO-BoBN- a1035755

        CEP - Banco de la República - Biblioteca Luis Angel Arango

· ·

Contenido

Prólogo

Nicolás Buenaventura: maestro y pedagogo

Hablé múltiples veces en la vida con el maestro Nicolás. Fui su alumno de Historia de Colombia; lo leí, escuché con asombro las historias casi fantásticas que narraba sobre la familia, la política, la historia y la cultura. Estuve presente en charlas a maestros en diversos escenarios y contextos. Tuvimos el profundo honor de que nos acompañara como maestro en el Merani y lo visité múltiples veces en su apartamento de Chapinero Alto para dialogar, al pie de la cocina, sobre el sentido de la vida, la política y el futuro de la cultura y la sociedad. Fueron largas tertulias, las que me permitieron conocer su faceta más impactante: el conversador y pensador ético y profundo que fue Nicolás Buenaventura.

A través de él, conocí a Cornelio, su padre, cuentero de oficio y quien murió antes de culminar su libro *Dios, el hombre y el Universo*. Cornelio sostenía, con profunda originalidad, que en la vida eran más importantes los enemigos que los amigos. Hasta llegó a afirmar que la grandeza de un hombre se medía por la calidad de sus enemigos.

Cuando los amigos están mal y enfermos —decía— a uno le generan tristeza; cuando están muy bien y todas las cosas les salen como quieren, producen cierta envidia. Con los enemigos sucede en esencia lo contrario. Si están tristes, a uno le produce alegría y si están alegres y todo les sale bien, generan la necesidad de trabajar más y esforzarse para ser mejores que ellos. Nos retan, nos exigen ser mejores cada día.

Una buena parte de los amigos —decía— lo abandonan a uno un día, acaban por olvidarlo o por traicionarlo; en cambio, un buen enemigo es para toda la vida, nunca se olvida. Por eso —concluía—, en la vida es tan importante tener buenos enemigos.

No sé si eran ciertas o no las historias de que había ingresado a la jaula de los leones, una vez que visitó un circo a Cali o las que Nicolás contaba sobre las tretas que usaban para llegar a construir partido por primera vez en una nueva región geográfica, indagando siempre por los artesanos del pueblo; por los zapateros o los trabajadores del cuero, del textil, del vestuario o de la orfebrería. Poco importa. Lo único claro es que Nicolás, como Cornelio, construían los hilos invisibles del tejido social hablando, tertuliando, echando carreta o, como se dice más popular y despectivamente «hablando mierda», hablando por hablar.

Muchas veces le insistí que tenía que escribir más y sistematizar su experiencia como maestro y como pedagogo, pero el tiempo me enseñó que yo estaba sumamente equivocado: Nicolás era un conversador nato, un hombre de palabra, de preguntas originales y de historias orales.

Para cualquier observador agudo era evidente que Nicolás era, ante todo, un maestro. Un hombre que se engolosinaba con las preguntas más profundas, un gestor de debates y un experto para enlazar anécdotas cotidianas, características todas ellas esenciales de un buen docente.

Tejía con enorme cuidado sus analogías para favorecer la comprensión de quien lo escuchaba y preguntaba de forma dialogada para empoderar a sus interlocutores. Sin duda, construir analogías es una de las características esenciales de los mejores maestros, ya que permiten poner en diálogo lo que ya se sabe con lo que está por aprehenderse. Es la clave de lo que David

Ausubel llamó un aprendizaje significativo. Lo nuevo se vincula con lo antiguo de manera firme y estructural. Nicolás lo sabía y siempre lo ponía en práctica.

Su propuesta pedagógica estaba profundamente inspirada en Freire. Como él, creía que no había que transmitir, sino dialogar lo más horizontalmente posible. Como él, sabía que aceptar y respetar la diferencia era una de esas virtudes sin las cuales la escucha no se puede dar. Como él, entendía que educar era necesariamente un acto político, porque implicaba pensar en qué tipo de individuo y de sociedad se está ayudando a construir. Y como él, era un luchador que creía en la utopía y la esperanza de un mundo mejor.

Siempre hizo todo lo posible para que los conocimientos de sus estudiantes no se quedaran dando vueltas en la cabeza, sino que se convirtieran en elementos que ayudaran a transformar la realidad. Articulaba las ideas y la acción, ponía en uso los conceptos, operaba mentalmente con ellos. Como los grandes maestros, dudó de las certezas absolutas y por ello necesitaba de las preguntas y de la disidencia permanente, la de él y la de los otros, ya que —pensaba, como buen socrático y kantiano— que lo que activa una buena educación no es transmitir sino empoderar al otro, para lo cual deberíamos establecer un diálogo afectivo con otro ser humano, de manera que el alumno adquiera la libertad para pensar y actuar por sí mismo. Por ello, retomó la tesis de otro original pensador colombiano: Estanislao Zuleta.

Si tuviéramos que resumir todos los derechos humanos en uno solo, decía, tal vez el que mejor los sintetizaría sería el «derecho a ser distinto». No solo para respetarlo y tolerarlo, sino, y muy especialmente, para enamorarnos de esa circunstancia. Así lo expresa en el libro que tiene el lector entre sus manos. Una lección que, desafortunadamente, todavía estamos muy lejos de aprehender y de practicar en nuestro país.

Recuerdo ahora sus diálogos irreverentes con Gilberto Vieira luego de volver de la «escuela de cuadros» en Moscú. «O sea, Nicolás, ¿usted me quiere decir que sabe más que todo el Comité Central del PCUS?», terminaba por reprocharle Vieira con su pregunta. En realidad, él no sabía más, pero era más original y más atrevido para pensar y hacerle preguntas a la vida. Era, en sentido estricto, lo que llamaría Kant un librepensador, irreverente, reflexivo, creativo, apasionado e intensamente sensible, como los mejores maestros.

Cualquier joven actual sabe más que Aristóteles, pero no por ello piensa mejor. Para pensar se requiere tener una pregunta previa. Nicolás la tenía. Se requiere operar con los conceptos, usarlos para interpretar la realidad y los símbolos. Él lo hacía de manera tan sencilla que parecía jugando. Y se requieren muy buenos interlocutores, para revisar los pensamientos propios, él los tenía, particularmente gracias a sus profundas lecturas.

Siempre me impactó la originalidad de sus preguntas y reflexiones. La que solía hacer sobre los problemas de identidad que había tenido a lo largo de toda su vida o la gratitud que expresaba con el gobierno de Gaviria, quien, al quitarnos la luz y la electricidad, también nos había devuelto la necesidad de conversar en familia. En el curso de Historia de Colombia que tomé con él, aparecían reflexiones como ésta: ¿En qué sentido se desplaza el río Magdalena? Porque —decía— si sumamos los kilómetros en los que lo hace de oriente a occidente, veremos que son mayores a los que se desplaza de sur a norte por el territorio colombiano. Si observamos con cuidado, después de una clase así, uno no sabe más, pero sí piensa mejor y tiene más preguntas.

Esa faceta siempre fue menos conocida: su exquisito humor y la capacidad ilimitada de burlarse de todo, hasta de sí mismo, como hacen los grandes.

Como los sabios, siempre nos asombraba por la profundidad de sus ideas. Como por ejemplo la que subyace al texto ¿Qué pasó, camarada?, cuando expresa que la «democracia es descentralizar. Es ir desamarrando por dentro, interiormente, cada vez más el Estado y el partido». Es difícil una figura más clara para describir por qué se desilusionó del llamado «socialismo real». También es una precisa analogía a nivel pedagógico para explicar el porqué de su fracaso.

En clara alusión a Platón, decía que las revoluciones futuras llevarían a los intelectuales al poder. Ojalá se cumpliera su profecía, porque hasta el momento seguimos hastiados de gobernantes que piensan, como diría Churchill, en exceso en las próximas elecciones y muy poco en las próximas generaciones.

El pensamiento hipotético se nutre de conjeturas e hipótesis inductivas o deductivas. Es inductivo cuando procede de abajo a arriba y usa procesos de generalización; es deductiva cuando aplica leyes generales en situaciones cada vez más particulares.

En cierta ocasión me encontré con Nicolás en Chinauta y lo vi hacer un ejercicio que, para mí, daría en la clave de lo que posteriormente se conocería como el desarrollo del pensamiento. Nicolás contaba una historia a la que intencionalmente había suprimido alguna información esencial para poder comprenderlo. La idea era que, mediante preguntas hipotéticas, sus interlocutores pudieran inferir e interpretar la situación de manera completa. Primero generaba la situación inexplicable al auditorio, luego lo retaba a descubrirla a deshilvanar lo aparentemente incoherente; y como buen maestro, le permitía al público preguntar. Él solo respondía con monosílabos. Pero como era un ser tan profundamente optimista y apasionado por la vida, sus respuestas le hacían creer a uno que la respuesta definitiva estaba cerca. El público no desfallecía y se seguía aventurando a preguntar. En realidad, pedagógicamente hablando, estaba sentando las bases de lo que después se conocería como ejercicios para pensar.

Durante algunos años, mis clases de pensamiento con jóvenes consistían en construir acertijos para favorecer el pensamiento hipotético-deductivo. También puse a todos los profes del Merani a resolver y a construir acertijos en la forma que me había enseñado Nicolás. Él me invitó a jugar con historias en las que se abordaba lo posible y no lo real; lo hipotético y no lo concreto. Sin duda, esa es la clave del desarrollo del pensamiento y lo que tanto le ha faltado por décadas a la educación colombiana.

Nosotros tuvimos la fortuna de que nos acompañara algunos años como profesor en una innovación que estaba explorando nuevos caminos en la educación. Cuando llegó por primera vez al Merani, me preguntó por el programa que tendría a cargo y yo le dije lo que era apenas obvio: Que él venía a lo que más sabía hacer: a conversar con los alumnos sobre la vida. En esa época llenaba las paredes con las respuestas de sus estudiantes anotadas en pliegos de papel periódico. Era socrático y mayeútico en sus preguntas y freiriano en las finalidades que le asignaba a la educación.

Para mí es un honor haber compartido con un ser tan profundo, eternamente juvenil, transparente, cuidadoso y ético. Me enorgullezco de haber sido su discípulo. Tal vez es el maestro que más me influyó en vida. Me duele no haberlo apoyado más cuando lo necesitaba. Eran otros tiempos y nuestras condiciones eran muy precarias. Conociéndolo, estoy seguro de que alcanzó a introducir por las rendijas la duda y el humor en el Ministerio de Educación, entidad en la que se vinculó al final de su vida, aunque, por lo que he visto del ministerio en las últimas décadas, su impacto fue menor al necesario. Sé que hizo todo lo humanamente posible por impulsar el *cuento del PEI* —como solía decir— en cada uno de los colegios del país, aunque después vino la contrarrevolución en el ministerio, la cual nos quiso hacer creer que lo clave en la educación era fortalecer administrativamente las instituciones educativas, descuidando propiamente lo pedagógico.

Me alegro enormemente por nuestros estudiantes, por los maestros del país, por las reflexiones que nos generó, por haber ayudado a que él repensara su sentido en la vida, después de permanecer anclado en un medio tan inflexible y dogmático como ha sido el de la izquierda colombiana y en un contexto nacional que ha hecho todo lo posible por desaparecerla a punta de bala y asesinatos. Y me vuelvo a emocionar cuando recuerdo cada una de las muchas veces que nos sentamos, al pie de una pequeña mesa, a dialogar en la cocina de su apartamento en Chapinero. Las abuelas tejen y conversan, dice en su texto *La importancia de hablar mierda*; nosotros, como muchos más, nos sentábamos a beber ron Tres Esquinas, a dialogar y a hacerle preguntas a la vida. Al hacerlo, unimos los hilos invisibles del tejido social. Construimos las relaciones sociables, las cuales se entretejen con las relaciones sociales para construir la cultura.

Viviríamos en un mejor país si leyéramos y conociéramos a alguien como nuestro querido Nicolás, el pedagogo que nunca aceptó una sola historia de las cosas, que luchó por pasar de una educación centrada en las respuestas a otra centrada en las preguntas y orientada a fortalecer el pensamiento crítico y la autonomía. Su libertad de pensamiento, su compromiso ético, su invitación a enamorarnos de la diferencia, su compromiso y su lucha frontal contra el dogmatismo nos dieron una lección, de la cual aún hoy tenemos que aprehender.

Julián De Zubiría Samper
Noviembre 28 de 2018

CAPÍTULO PRIMERO
Las verdades y las mentiras de mi padre

Cuando yo era niño, éramos diez hermanos, en la amplia mesa del comedor en la casa; y teníamos siempre las verdades y las mentiras de mi padre.

La primera verdad era el pan. Nunca faltó el pan en la mesa, ni en los tiempos más duros. Otra verdad era la mesa misma, ancha, dura, que aguantaba todo: la comida, el juego, la remesa, la guacherna. También la casa era algo cierto, era una verdad. Nos mudábamos aquí y allá, como pobres, pero siempre estuvo la casa.

Mi padre trabajaba. Era comerciante. Vendía miel, a veces toda la vivienda se llenaba de mieles. Era constructor, inventaba urbanizaciones que la familia inauguraba en un peregrinaje constante. Era artesano, hacía banderas de papel para los días patrios con toda la tropa familiar. Era cazador, a menudo llegaba a tiempo con buenas piezas.

Pero, además, ese universo paterno de las verdades en el hogar se ensanchaba y se apuntalaba en cuanto la madre también producía. Ella era costurera y hortelana. Cosía pacotilla a pedal en todos los resquicios o ratos que podía hurtarle a la dura jornada del oficio doméstico y tenía eras de hortalizas que cubría con alterones erizados de chamizas resecas para cuidarlas de las gallinas.

Pero, a la par con todas estas ricas verdades, tuvimos también, siempre, las mentiras de mi padre.

A la cabecera de la mesa, o en las visitas o tertulias, en la sala, en cualquier parte; al viejo no lo detenía nadie cuando se empeñaba en volver a tomar el hilo de cualquiera de sus fantásticas historias que ya todos conocíamos bien. Eran mentiras prodigiosas por una razón: porque siempre fueron creciendo sin límites, mucho más que crecía la progenie. Pero, además, eran mentiras argumentadas siempre con un lujo de precisiones y certidumbres absolutas.

Quiero contar aquí cómo llegó a crecer la célebre historia de la tempestad en el mar Pacífico. Mi padre fue allí como capitán de un barco pirata. Entonces, le tocó afrontar una tormenta nocturna de tal magnitud, tan pavorosa, que se hizo completamente de día a la luz de los relámpagos. Era tal la alborada que, en el puente del barco, la tripulación no salía del asombro de poder conversar mirándose todos las caras, durante horas, en plena media noche.

Sin embargo, en la última versión que alcanzamos a oírle, resultó tan desesperadamente larga esa alborada, que mi padre tuvo que distraer del aburrimiento a la tripulación leyendo, a la luz de los relámpagos y con voz atronadora, una novela entera de lobos de mar.

—¡Qué raro! —acotaba el viejo al terminar, con la mayor seriedad—. ¡Qué extraño!

Y la historia de las yucas, por ejemplo, ¡cómo llegó a crecer este suceso! La primera vez que la contó, las cosas ocurrieron así: mi padre fue a comprar cerdos a una isla del río Cauca y se encontró, para gran asombro suyo y del dueño, con que se habían perdido los animales, con que toda la piara había desaparecido de la finca. Era muy raro, muy extraño, me explicaba mi padre, porque en ese tiempo no había robos ni nada semejante. No obstante, el enigma se vendría a despejar pronto. Al recorrer el yucal, resulta que los tubérculos de las raíces de esas plantas eran tan grandes, tan descomunales, debido a la fertilidad del suelo, que los cerdos cebados, comiendo yuca, habían hecho cuevas dentro de ellos y estaban allí metidos, como armadillos en sus casas.

En la última versión de la leyenda, los marranos se perdieron definitivamente y ya no fue posible hallarlos ese día. Solo semanas después, haciendo muchas indagaciones, se pudo dar con el paradero de los animales. Y el caso fue este: la tierra era tan fértil que las raíces del yucal habían cavado por debajo del cauce del río, desde la isla, hasta alcanzar la tierra firme en la ribera. Entonces los cerdos, devorándolas, habían hecho túneles y se habían escapado de la finca.

—¡Qué raro! —dijo él.

Han corrido muchos años desde entonces y yo nunca he tenido duda de que las mentiras de mi padre hayan sido tanto alimento, tanta fortaleza y provecho para nosotros en el hogar, como lo fueran el pan y todas sus demás verdades.

Toda comunidad humana, y la primera de todas, la familia, si está viva, se comporta así:

Tiene dos sistemas de relaciones humanas, dos armaduras y dos tramas que la conforman. Una, la que hemos llamado con el nombre de «verdades», es la trama o tejido de relaciones que se refieren a las cosas, a los objetos. Otra, la que representamos aquí como «mentiras», es la red de relaciones humanas referidas a los símbolos u objetos «simbolados».

Una es la del trabajo, la del pan. Otra es la del juego, la de la fantasía.

Las relaciones de «verdad» en mi familia, como en cualquier comunidad, nunca fueron más verdad que las otras, las del juego o la fantasía, las de «mentira». Pero queremos llamarlas «verdad» porque son trascendentes, o sea que están en función del futuro.

Allí, en la mesa de mi casa, no se comía por comer simplemente; sino para luego, para algo que trasciende, para vivir y crecer.

En esencia, como es evidente, son estas las relaciones de producción, o mejor, de reproducción constante del grupo. Son aquellas que tienen su centro en el trabajo.

Mientras las otras, las del juego, las del goce, están en función del presente y solo se proyectan agotándose en sí mismas.

Vamos a denominar a las primeras «relaciones sociales» y a las segundas «relaciones sociables». Así que pensamos la comunidad, en nuestro caso, la familia, como algo complejo, no simple o unívoco. Es sociedad y sociabilidad al mismo tiempo.

La trama social o «sociedad» está hecha de las relaciones materiales o naturales, es decir, de esas relaciones que usted no escoge o decide, sino que se constituyen a sus espaldas, o sea antes de que usted aparezca en escena. Por ejemplo, todos éramos allí hermanos en la casa, nadie escogió a su hermano, como uno no escoge a su vecino en el barrio o a su colega en el trabajo.

La trama sociable, la sociabilidad en el grupo, en cambio, está hecha de relaciones de designio o que usted escoge, relaciones afines. Por ejemplo, en mi casa no todos los hermanos entendimos igual a mi padre con sus «mentiras» maravillosas, aunque todos disfrutábamos por igual de sus verdades, por ejemplo, el pan.

Pienso ahora en un hermano, que ha sido siempre el cómico de la familia y remedaba a la perfección al viejo. Fue él quien primero descubrió para todos nosotros la increíble riqueza de este juego, de este universo familiar, organizando representaciones teatrales de las «mentiras» de mi padre.

De esa manera se logró vivir, en nuestra familia, intensamente, los dos sistemas de relaciones humanas. Así, el trabajo de los padres y, a menudo, de los hijos, que era el centro de nuestra sociedad familiar, se volvía a la vez juego, es decir, sociabilidad.

Recuerdo cuando murió mi padre. Llegó al medio día a la casa, cargado de frutas, como siempre, y cayó de bruces frente al comedor. No alcanzó a hablar una palabra. Esa noche lo velamos con la madre, en la propia alcoba común. Y, ya por la madrugada, cuando se fueron yendo los huéspedes y quedamos solos, ella, los hijos y algunos allegados, de pronto, sin buscarlo, empezamos la conocida fiesta familiar, la que habíamos aprendido hacía tiempo.

Empezó la representación de las grandes mentiras a cargo del hermano teatrero y todos llorábamos de la risa mucho más de lo que habíamos podido llorar de la pena.

Era nuestra cultura, la cultura propia, del grupo familiar.

Llamamos cultura precisamente a la manera como se logran integrar en una comunidad los dos sistemas de relaciones que la conforman, es decir, la sociedad y la sociabilidad que hay en ella.

Y hemos llegado así a la meta que más nos importa en el presente texto: el concepto de cultura.

¿Qué es cultura?

La cultura no está fuera de la comunidad, de su malla o de su tejido interior. No está fuera de su naturaleza. Es una idea ingenua aquella de que una comunidad «tiene» cultura o «posee» cultura, como un haber o una propiedad.

La comunidad es cultura. La cultura está en el interior de la comunidad.

Si usted pregunta a un campesino qué es el sol, es posible que le responda identificando el mensaje que él recibe con el emisor, con el sol mismo. Es posible que le responda: el sol es luz, es calor. Y, sin duda, es hermosa la respuesta. Pero es ingenua.

Es usual confundir el mensaje cultural de una comunidad, de un pueblo, de una tribu o de una familia; es posible identificarlo con su cultura.

En toda comunidad existe un entramado complejo de relaciones humanas. Podríamos hablar figuradamente de unas relaciones «duras» que hacen la «estructura», y de unas relaciones que airean a las otras, que las hacen flexibles, que les abren espacio.

Lo que no podemos pensar es que uno de esos sistemas sea necesario y otro adicional, que uno sea primario y otro derivado.

Todo este texto, este estudio, tiene una pretensión: mostrar que ambos sistemas de relaciones, la sociedad y la sociabilidad, son necesarios y primarios, e, igualmente, determinantes. El grupo humano, la comunidad, es real o está viva cuando logra este equilibrio entre el universo del juego y el universo del trabajo, entre su mundo real y su mundo simbolado.

Y llamamos cultura a la manera como se integran o se cruzan esos dos mundos en una comunidad.

CAPÍTULO SEGUNDO
La historia de los obeliscos

Para empezar, queremos hacer una transcripción fidedigna de un texto del antropólogo Ralph Linton, que siempre nos ha apasionado por cuanto trata de pintar la «cultura» del norteamericano medio de hoy. Dice:

Nuestro hombre se despierta en un mueble que está hecho según un modelo originado en el Cercano Oriente. Se aligera pronto de su ropa de cama fabricada de algodón domesticado originalmente en la India, o bien de lino, o de lana de oveja, domesticados ambos en el Cercano Oriente o, en el último caso, de seda, cuyo uso fue descubierto en China. Materiales todos estos que se han transformado en tejido gracias a una técnica también original del Cercano Oriente.

Al levantarse se despoja de su pijama, prenda que inventaron los hindúes, calza sus mocasines creados por indios precolombinos y va al baño, donde se asea con jabón originado en las Galias, para luego rasurarse siguiendo un ritual masoquista que parece haber tenido su origen bien en Sumeria o en el antiguo Egipto.

Vuelve a la alcoba para tomar su ropa, que está acomodada en una silla, mueble procedente del sur de Europa, y viste saco y pantalones, prendas cuya forma se deriva originalmente de los vestidos de pieles que se hacían los nómadas de las estepas asiáticas. Luego calza zapatos diseñados según un modelo derivado de civilizaciones mediterráneas y hechos de cuero curtido según un proceso inventado en Egipto. Finalmente cubre su cabeza con un sombrero de fieltro, material inventado en las estepas del Asia.

Ya en la calle, el sujeto paga su periódico con un invento de la antigua Lidia, las monedas, y se apresta a desayunar en el restaurante, donde lo esperan otra serie de elementos provenientes de muchas culturas lejanas. Su plato de cerámica inventada en China; su cuchillo de una aleación hecha por primera vez en el sur de la India, el acero; su tenedor, instrumento de la Italia medieval; y su cuchara, romana de origen. Además, el café, planta de Abisinia, con leche ordeñada siguiendo una arcaica tradición del Cercano Oriente y con azúcar que se refinó por primera vez en la India.

También puede servirse huevos de una especie de pájaro domesticado en Indochina, o bien un filete de carne de algún animal domesticado en Asia Oriental. Luego de comer, quizás fumará a su gusto siguiendo la moda de indios americanos, con hojas de una planta que fuera domesticada en Brasil, y mientras fuma, quizás lea noticias impresas con caracteres inventados por los antiguos semitas sobre un material de origen chino. Entonces, a medida que se va enterando de las dificultades que hay en el extranjero, probablemente dará gracias a un dios hebreo en un lenguaje indoeuropeo por haber nacido en los Estados Unidos de América.

El concepto de cultura, como inventario de conquistas, como múltiple apropiación, está profundamente influido por la historia moderna, de la cual Estados Unidos, con su extraordinaria civilización del migrante, es, sin duda, la expresión más avanzada. ¿Qué ha sido la cultura para Occidente, para este gran beneficiario de los inventos, de 108 tesoros, de los logros de todos los pueblos del mundo en la llamada «edad moderna»?

El símbolo por excelencia de esta historia que da lugar a la formación del concepto de cultura es el trasplante de los obeliscos egipcios a las plazas principales de las capitales europeas y norteamericanas. Roma, París, Londres, Nueva York son ciudades «cultas» en cuanto exhiben cada una su «propio» obelisco egipcio.

Pero sigamos en detalle la historia de esta empresa, ya que ella nos enseña su propia lógica, es decir, el desarrollo abrumador de la técnica de occidente.

En 1595, bajo la dirección del maestro arquitecto Federico Fontana, 900 obreros y 75 bestias de carga, accionando 40 cabrestantes, consiguieron levantar del suelo y erigir en la plaza de San Pedro en Roma, en una jornada continua de 13 horas, el obelisco de 26 metros de altura construido en el siglo XIII antes de Jesucristo en suelo egipcio. Un siglo después, el obelisco de París, arrancado del templo de Amón construido por Ramsés II, para venir a decorar la plaza de la Concordia, necesitó para su erección solo 480 operarios. Y otro siglo más tarde, el de Londres (la llamada «Aguja de Cleopatra», en el Támesis) y el de Nueva York, en el Parque Central, arrancados ambos del Templo de Heliopeles, de los tiempos del faraón Tutmes III, casi con el mismo peso y altura, solo necesitaron una decena de hombres para ser alzados del suelo y erigidos.

El concepto europeo de cultura, definido originalmente por el antropólogo inglés Edward B. Tylor, al finalizar el siglo XIX, como aquel «todo complejo» que el hombre aprende, a diferencia de lo que hereda genéticamente, está profundamente influido por esta historia internacional. Es la historia del famoso Escriba Sentado o de los Bueyes Apis que dejaron su puesto en la antigua Menfis para trasladarse a París.

Cultura es el inventario, es la recolección de la flor, cortada de su tallo y su raíz, la flor o el fruto de todas las grandes civilizaciones del mundo. Es la estatua de la reina egipcia Nefertiti, cuando se entronizó en Berlín; o de la reina Yatsepsut, ubicada en Nueva York. Es el código babilónico de Hammurabi, o bien la diosa Astarte, o los Toros Alados, que abandonaron su patria original, en el Cercano Oriente, y se establecieron en el Louvre.

Cultura es eso entonces: el gran despojo y el gran acopio universal. Son nuestros dioses de San Agustín, en el alto Magdalena, trasladados a Berlín; la Quimera en Piedra china o los

Vasos Funerarios de la época Song, ubicados en Nueva York. Es la «cultura» en la formación de los grandes imperios de la «Edad Moderna».

Cualquiera puede consultar el mapamundi de los inicios del siglo XX. Entonces, verá cómo allí predominan dos colores: 1) el rosado del imperio inglés, que incluye una mitad de África, una mitad de América del Norte, la India (en Asia) y Australia (en Oceanía); 2) el amarillo del imperio ruso, casi media Asia y buena parte de Europa Oriental. Luego siguen, en su orden, el azul del imperio francés, el verde de Holanda y poco más. Es una carta casi monocroma, el planeta de los imperios. En cambio, al finalizar el siglo XX, solamente en África habría que utilizar más de 50 colores diferentes si se quisiera diferenciar los estados y las «culturas» nacionales en formación, que tienen su asiento en la ONU.

Sin embargo, la historia hizo, en la segunda mitad del siglo XX, tras el trágico balance de las dos guerras mundiales, un ajuste de cuentas con el modernismo, el cual se inició con la desmembración de los imperios y el surgimiento de más de un centenar de naciones independientes en los continentes periféricos de Asia, África y Latinoamérica. El derrumbe de la URSS completó el cuadro, porque, en realidad, lo que tuvo lugar en este caso fue la disolución del último de los grandes imperios modernos, el de Pedro el Grande, que duró tanto tiempo porque logró expropiar la «revolución bolchevique» de 1917 y reinstalarse con el ropaje de «socialismo real».

Entonces, el concepto de cultura, educado por la historia, ya no aparecería más como acopio o pertenencia, sino que tendría el significado de identidad.

Y, a propósito de este cambio histórico, pienso que hay un momento revelador. Es la publicación de un estudio del antropólogo Norman Cousins, titulado «Confrontación» y aparecido en *Saturday Review*, en el cual se habla del «dramático descubrimiento de las culturas diferentes». La fecha de este texto es 1951, o sea, precisamente cuando acababa de cumplirse el año mundial de África.

Con razón, Clyde Kluckhohn define hoy la cultura como el «mapa de un pueblo». Pero leamos su alegato: «Si un mapa es preciso y se puede leer, será imposible perderse. Si se conoce una cultura, se sabrá cómo desempeñarse en la vida de una sociedad».

Fue entonces cuando Carlos Fuentes descubrió que no existen pueblos ágrafos, como se creía antes, sino pueblos inéditos. Y fue cuando Jorge Zalamea encontró que en el mundo de la poesía no existe el «subdesarrollo».

He allí la historia «occidental» del concepto de cultura.

Pero queremos invitar al lector a recapitular esta historia desde otro ángulo, más inmediato o más a la mano. Para empezar, insistimos en esto: en el siglo XIX la palabra «cultura» era demasiado grande en este mundo, abarcaba prácticamente todo lo que «el hombre añade a la naturaleza». Quizás por esta razón, el antropólogo inglés Edward Burnett Tylor utilizó esa palabra, en 1871, para expresar con ella la unidad orgánica que él consideraba inevitable en cada pueblo, entre su tecnología productiva y los sistemas de parentesco, y, en general, la organización social.

Así que, para Tylor, considerado por algunos como fundador de la moderna antropología, hablar de «cultura» en una determinada comunidad era simplemente una manera de decir que allí la «sociedad» funcionaba como un sistema orgánico, tal como funciona el cuerpo humano, por ejemplo. De modo que «cultura» y «sociedad» eran dos conceptos muy semejantes, que se emparejaban y se complementaban mutuamente.

Sin embargo, la «cultura», con toda su legendaria carga tradicional, no resistía esta vestidura puramente social, y con mucha frecuencia convocaba a sus dioses, a sus mitos y fantasmas, para reclamarle a la antropología una identidad diferente. Quizás por eso, otro británico, Edmond R. Leach, propuso (1961) esta prudente definición de «cultura»:

El término cultura, tal como yo lo utilizo, no es esa categoría que todo lo abarca y constituye el objeto de estudio de la antropología cultural americana. Soy antropólogo social y me ocupo de la estructura social de la sociedad Kachin. Para mí los conceptos de sociedad y cultura son abundantemente distintos. Si se acepta la sociedad como un agregado de relaciones, entonces la cultura es el contenido de dichas relaciones.

El término sociedad hace hincapié en el factor humano, en el agregado de individuos y las relaciones entre ellos. El término cultura hace hincapié en el componente de los recursos acumulados, tanto materiales como inmateriales, que las personas heredan, utilizan, transforman, aumentan y transmiten.

Como es claro aquí, «cultura» ya no es sociedad; es saber, es rito, es herencia codificada, es algo así como el vehículo de reproducción de un sistema social. Pero es la vida misma la que, en definitiva, decide la suerte de toda teoría.

Hemos hecho alusión al cambio significativo del mapa del mundo con la disolución de los «imperios» en el siglo XX. Pues bien, este acontecimiento condujo a algo que podríamos considerar la reconquista «civilizada» de los países o naciones emergentes. Nos referíamos a la introducción en esas comunidades de tecnologías modernas con programas de saneamiento ambiental o salud, de industria o agricultura, de vías, de escuelas, de vivienda. Fue entonces cuando aparecieron, abrumadoramente, los llamados «obstáculos culturales». La cultura resiste en cada país, en cada pueblo. Allí concita todos sus espíritus, sus demonios. No quiere dejarse meter en el torbellino, dejarse arrastrar tras los cambios que se imponen en la sociedad.

Así que, para los antropólogos, cada vez es más claro que una máquina nueva, un paquete tecnológico recién introducido en una comunidad, es como la piedra que se echa en el centro de una laguna. A partir de allí, se expande la onda y no descansa, en círculos concéntricos, cada vez más amplios, hasta llegar a las orillas.

Todo esto hay que preverlo, hay que calcularlo. La tecnología es el lugar más dinámico del grupo; sus cambios generan o imponen cambios en la organización del trabajo y desde allí, naturalmente, en toda la organización social y política. Cambia la sociedad, digamos, la estructura social. Pero... ¿y la cultura? Preguntamos: ¿también la cultura se irá dejando llevar así, mansamente, como la reorganización del trabajo, por el vaivén de las ondas del agua?

Ciertamente la comunidad debe cambiar, debe ser otra, debe renovarse. Sin duda, unas máquinas que se controlan ellas mismas exigen un nuevo tipo de obreros, imponen un mercado del trabajo abierto y, por allí mismo, requieren pautas nuevas de democracia.

Pero, entonces, interviene la cultura y dice: «¡Sí, acepto el reto!, la comunidad debe cambiar. Pero con una condición: debe ser la misma a la vez, debe seguir siendo ella, debe mantener su identidad».

El caso más reciente y abrumador de cambios tecnológicos planeados en la historia contemporánea, que creyeron arrastrar en las ondas del agua, mansamente, a las culturas locales o nacionales, fue el derrumbe del llamado «socialismo real». Parecía como si las comunidades fueran unívocas, es decir, con un sistema cerrado y único de relaciones humanas, y que sus culturas seguirían el vaivén de las olas del cambio social. Entonces, en lugar de las culturas de los diferentes pueblos o naciones, se inventó el mito de una cultura universal «proletaria»; es decir, se imaginó la cultura como otra variable del cambio tecnológico.

¡Pero qué rebelión de los ancestros, de los dioses lares, de las culturas nacionales, estamos presenciando allí!

Y es obvio que nosotros no hemos añadido nada. Simplemente, nos venimos orillando con mucho cuidado y respeto a las investigaciones que sobre la materia se vienen haciendo, aquí y allá, en muchas partes del mundo. Por ejemplo, pensamos que el antropólogo George M. Foster, en su texto *Culturas tradicionales y cambios tecnológicos*, publicado en 1962, es uno de los primeros estudiosos que coloca en un sitio «la cultura», ya no como el discurso macro del modernismo, sino como algo pequeño y, sobre todo, interno de cada comunidad, cada grupo, cada pueblo. Foster establece así la relación entre «cultura» y «sociedad» en una comunidad determinada:

Una sociedad concreta es una cosa en marcha. Funciona y se perpetúa a sí misma, porque sus miembros, aunque no se lo propongan, están de acuerdo en cuanto a las normas básicas para vivir juntos. La palabra cultura es el resumen o síntesis de estas reglas que orientan la forma de vida de los miembros de un grupo social. Más específicamente la cultura pudiera describirse como la forma común y aprendida de la vida que comparten los miembros de una sociedad, y que consta de la totalidad de los instrumentos, técnicas, instituciones sociales, actitudes, creencias, motivaciones y sistemas de valores que conoce el grupo o, expresándolo de otra manera, sociedad quiere decir pueblo, y cultura significa el comportamiento de dicho pueblo. Los términos son interdependientes, y resulta difícil hablar de una sin hacer referencia a la otra.

El lector puede observar que todavía Foster no puede desprenderse de la carga antigua de la «cultura», pensada como inventario o acumulado de «instrumentos, técnicas, valores», etc.; es decir, de la cultura-mensaje.

Se ha requerido más tiempo en la indagación y en la experiencia contemporánea para despejar el concepto de cultura, librándolo de toda la carga histórica del modernismo eurocentrista y reconociéndolo en el interior, en la vida misma de cada pueblo, de cada comunidad, de cada grupo micro. Pero, sobre todo, se ha requerido que entre en crisis definitivamente todo el imperio de la «razón», del «desarrollo» y de lo «útil», como esencia de las comunidades humanas.

¿Qué es cultura?

Solamente cuando centenares de pueblos del mundo, de nuevas naciones y estados, entraron al debate y al escenario político, pudo aparecer todo lo complejo de las comunidades humanas. Pudo hacerse claro que los demonios que hay en el interior de toda comunidad son tan determinantes como sus herramientas, sus brújulas o sus medidas.

Por ejemplo, la concepción del doble sistema de relaciones humanas que se entrecruzan en la vida de una comunidad es algo relativamente reciente. Veamos cómo lo asume el debate actual del postmodernismo. Dice Michel Maffesoli:

La solidaridad mecánica, el instrumentalismo, el proyecto, la racionalidad y la finalidad pertenecen al campo de lo social. En cambio, la socialidad completa el desarrollo de la solidaridad orgánica de la dimensión simbólica (comunicación), de la no lógica (V. Pareto), preocupación del presente. Al drama, es decir, lo que evoluciona, lo que se construye, se opone lo trágico, lo que se vive como tal, sin tener en cuenta las contradicciones. Al futurismo le sucede el presenteísmo. Esta socialidad, al designar de alguna manera el fundamento mismo del estar juntos, es la que obliga a tomar en cuenta todo lo que era de rigor considerar como esencialmente frívolo, anecdótico o sin sentido.

Así, al contrario de los que siguen viendo lo social como fruto de una determinación económico-política, o de acuerdo con los que lo ven como el resultado racional, funcional o contractual de la asociación de individuos autónomos, la temática de la socialidad recuerda que el mundo social, «taken for granted» (A. Schutz), puede entenderse como el resultado de una interacción permanente, de una constante reversibilidad entre los distintos elementos del entorno social, en el interior de esta matriz que es el entorno natural.

Y pienso que, en alguna parte, he leído o he oído; o, acaso, me falta por oír esto que vengo dilucidando y que, para mí, es el concepto de cultura más verdadero, o sea el más dinámico o más funcional, el más atenido a la vida y a la realidad contemporánea. Llamamos cultura a la forma como, en una comunidad, se casan y se influyen mutuamente el mundo del trabajo y el del juego, el sistema de las relaciones sociales y el de las relaciones sociables.

A esto denominamos aquí cultura: a la manera como se conjuga, en toda comunidad humana, el mundo de la producción y el mundo de la recreación; aquel que se remite a los objetos y el que se mueve entre los símbolos.

CAPÍTULO TERCERO
El tiempo total

En las vaquerías de los Llanos Orientales colombianos ocurre a menudo que, por causa de un trueno intempestivo, un disparo a destiempo o, a veces, solo por un mal grito, la tropa de ganado se asusta, se alebresta y echa a correr en desbandada. Entonces allí no hay nada que hacer. La cuadrilla de vaqueros a caballo sabe que debe esperar, que no puede tratar de atravesárseles a las bestias desbocadas en la huida, que tiene que abrirse y dejarlas que huyan.

Pero ¿cómo rescatar el hato?, ¿cómo recuperarlo? Es en ese momento cuando los llaneros echan mano de un recurso que nosotros no imaginamos: ellos cantan y silban tonadas de vaqueros. Persiguen a todo correr las partidas de ganado entonando joropos o galerones. Y de esta manera, logran el objetivo, porque de allí en adelante todo consiste en ir acortando el paso para que los animales que van en la punta o la delantera no alcancen a oír bien y empiecen a perder la tonada.

Aquí el trabajo se convierte en juego, el hombre juega con el toro, como el que danza con una pareja. El hombre sabe que no hay lazo que ataje a la tropa desbocada mejor que un joropo bien cantado, porque 108 animales se azaran al perder la tonada y empiezan a torcer el cuello y a parar las orejas. Así, van frenando y enredando la escapada, hasta que se aquietan y se arremolinan. En ese momento, se reinicia la faena, o sea, el trabajo rutinario de la vaquería.

Pero, por favor, no hubiéramos necesitado ir tan lejos para vivir con el lector una experiencia donde el trabajo y el juego pierden su lindero natural confundiéndose. Solo lo hacemos por gusto, porque es hermoso el suceso. Acá, en la vida cotidiana y doméstica, ocurre lo mismo, sin mayor alarde y constantemente.

Quizás usted no ha observado a una ama de casa, por ejemplo, cuando está haciendo el saco de su nieto en tejido de punto. La mujer teje y conversa. Por una parte, va el hilo de la lana haciendo la trama; y, por otra parte, va el hilo de la charla. Son dos tejidos paralelos.

Como en todo trabajo manual, aquí el aprendizaje consiste en ir interiorizando o convirtiendo en reflejo la cadena de operaciones conscientes. Así, la tejedora, trabajando bien, sin error puede liberar toda su inventiva, toda su intriga y su deleite en la tertulia o, más claramente, en la chismografía que está urdiendo.

Pienso ahora que quizás entre los juegos que el hombre ya no puede compartir con los animales, entre los juegos puramente humanos, esto de hablar por hablar, del palique, de la charla, es el más común y, por esa razón, el más valedero.

Se trata de una cultura en la cual la «sociedad» y la «sociabilidad», o sea, el mundo del juego y el del trabajo, poseen solo un tiempo.

Quizás el ritual más representativo de nuestro país, ritual en cuanto es poesía, música y danza a la vez, es el paseo vallenato. Pues bien, este rito está hecho del trajín del mercado aldeano, de la sustancia del mercado, lo mismo que una olla está hecha de barro. El vallenato es pregón, periódico y plática de mercado.

Y ahora corresponde volver a precisar nuestro concepto. Llamamos cultura aquí a algo que pertenece a la naturaleza o al ser mismo de la comunidad humana: es el acople o el enlace entre las relaciones sociales, aquellas que remiten al trabajo y las relaciones sociables, que remiten al juego.

Y decimos que en las comunidades tradicionales, en las cuales el trabajo es manual, en las cuales la herramienta no se ha alcanzado a desprender todavía de la mano del hombre, la relación entre lo lúdico y lo laboral no es visible, porque parece como si trataran de confundirse los dos mundos.

¿Dónde está la *ma Teodora?*

Rajando la leña está
con su palo y su bandola,
rajando la leña está.

Usted puede ver, lector, cómo este cantar popular recoge de un golpe todo nuestro discurso sobre ese ser ingenuo de las culturas tempranas y populares que integran juego y trabajo.

Ma Teodora ciertamente trabaja, hace la leña para el hogar; pero no, lo que ocurre es que ma Teodora está tocando y cantando un «rajaleña», ese aire andino típico del alto Magdalena.

De pronto, la semántica nos puede enseñar esta mímesis, esta superposición juego-trabajo, mejor que cualquier disquisición. Por ejemplo, en algunas lenguas aborígenes, «danzar» y «sembrar» no requieren sino un solo verbo, una misma palabra. Porque es seguro que la germinación es el resultado de un ritual, una danza de fecundación de la tierra. Y el hecho de que esa danza primitiva se haya «secado» en los tiempos modernos, separándose del ritmo y del tambor hasta convertirse en trabajo puro, en simple despliegue de fuerza de trabajo, es una historia diferente, muy compleja y muy ligada a la tecnología.

Sin embargo, solo hay que remontarse, hasta los rituales indígenas de caza, cosecha o pesca, para encontrar cómo las palabras mismas hacen el enlace juego-trabajo. Por ejemplo, el beneficio, el procesamiento de grandes cosechas del pescado llamado «mapalé», en nuestro litoral Atlántico se realiza con un baile, con el acompañamiento de un «mapalé», que es también nombre de la danza y la tonada. Y el ritmo se da con un tambor que se llama igual, «mapalé».

Lo único que allí no tiene nombre propio es el «trabajo» mismo.

Puede decirse que, hasta el siglo XVIII de esta era cristiana, todo era así en este mundo. El arte no se diferenciaba de la industria humana en ninguna parte del planeta. Hacer un zapato o hacer una olla era hacer una obra de arte, igual en China o en Francia. Lo mismo que hacer un sainete o un entremés era tejer una manta, o componer o construir un altar de Corpus. Los gremios de artesanos que hacían comedias, música o edificaciones; teatreros, compositores o arquitectos, eran tan respetables y respetados como los que hacían relojes o joyas, o bien como los herreros o los sastres.

Una herradura o una reja de ventana era tan obra de arte como un buen soneto, un retablo o el ícono de madera de un santero. Digo que así eran las cosas en el mundo y, por supuesto, también en el corazón del mundo, entonces, la Europa.

Pero ¿por qué extrañarse? Así siguen siendo aquí, aún, en nuestro país, si nos corremos un poco de los aleros de la gran ciudad y nos vamos a la aldea. Un alfarero de Boyacá, que cocina su pesebre o su caballito de barro en Ráquira, es tan artista como el santero que talla imágenes milagrosas en Pasto; y lo mismo es la cigarrera de Girón, en Santander. Su tabaco negro es una obra de arte igual que lo es la música que componen los guabineros de Aguada o los candongueros de Santa Fe de Antioquia.

Fue precisamente en Europa, a partir del siglo XVIII, cuando se separaron en la historia humana las artes y las industrias.

Entonces, gracias al descubrimiento de las máquinas, a la llamada «revolución industrial», aparecieron los «valores de uso», es decir, ese almacén inagotable de objetos y artefactos puramente útiles: los géneros baratos, la pacotilla, las baratijas. En una palabra, apareció lo feo en este mundo.

Hasta entonces, entre los hombres, lo feo solo había existido como una idea odiosa, como la idea horripilante del vacío; porque en la naturaleza no hay nada feo. Nunca pudo ser fea para el hombre una piedra o una estrella. Precisamente, la idea de lo bello entre los antiguos tenía su paradigma en la «armonía de las esferas».

Y fue así como el mundo del hombre, la casa, la calle, el templo, empezara a llenarse de lo feo (o sea, de aquel objeto simplemente útil, que usted no puede a la vez usarlo y gozarlo, que es útil a medias), como lo feo se entronizó amenazante en la tierra. Entonces, tuvo lugar el descubrimiento de la estética: los hombres sintieron la necesidad de justificar lo bello, de hacer el gran alegato de la belleza.

Por eso, usted se va a encontrar, a la vez, en el siglo XVIII, con los inventores de la máquina de vapor y el telar mecánico, los señores James Watt y Edmund Cartwright, y con los inventores de la filosofía de lo bello o estético, los señores Alexander Baumgarten y Emmanuel Kant.

Y de la misma manera que el arte se separó de la industria, ocurrió necesariamente que el trabajo se separó del juego. Apareció en la sociedad humana el trabajo abstracto, es decir, como generalización. Apareció en la Edad Moderna, con el carácter de trabajo asalariado, en una forma decantada o elaborada, como «trabajo libre», ese mismo tipo de trabajo que en la antigüedad ya se presentaba en bruto, con el esclavo de minas o de galeras, con el hombre-instrumento.

Y así tenemos las culturas modernas, en las cuales el trabajo tiene su propio tiempo, su propia medida del tiempo, a diferencia de las culturas tradicionales, donde esa ruptura no era posible.

Entonces, nosotros proponemos designar a las culturas tradicionales con el nombre genérico de «culturas del tiempo total», y a las culturas modernas proponemos denominarlas «culturas del tiempo libre».

Pero ese tema ya es objeto de nuestro próximo capítulo.

CAPÍTULO CUARTO

El tiempo libre

Los obreros se han tomado la vía frente al edificio que ellos están construyendo. Han invadido la calle al sol del mediodía, ni más ni menos que con un partido de fútbol.

Y mi compañero de ruta que va al timón y ha tenido que suspender la marcha de su vehículo, me comenta alarmado:

—Explíqueme, maestro, ¿qué sentido tiene esto? —y añade, contestándose él mismo:

—Esta gente, en lugar de reposar, de echarse su siesta, allí, en el prado, después del almuerzo, se empeña en agotarse. ¿Cómo le parece, agregar otra fatiga más a la fatiga de la jornada? Porque no hay nada más extenuante que un partido de fútbol.

Y el hombre sigue por ahí, con su retahíla, despotricando un buen rato a favor de la civilización, del respeto al derecho ajeno y la paz social. Un buen rato, aunque ya le han dado paso.

Y yo lo escucho y pienso. Seguramente él no se ha detenido nunca a mirar, como es mi costumbre, por encima de las vallas protectoras, esa faena, ese trabajo de la construcción y solo se percata de eso ahora, en el recreo, cuando se ha parado la obra, a la hora del almuerzo, al mediodía, y los obreros le cortan el paso a su vehículo por un minuto porque se han tomado la calzada jugando un partido de microfútbol.

—¿Qué derecho? ¿Qué país es este? ¿Qué cultura?

Y yo me abstengo de responderle porque precisamente su discurso desaforado me ha obligado a pensar en la lógica de ese conflicto del fútbol en la calle.

Es evidente que existe una profunda diferencia entre estas cuadrillas de jornaleros en obra negra en la edificación urbana y las cuadrillas de arrieros de ganado en el Llano. Ambos grupos de obreros tienen su jefe o «contratista» y son gente que vive al día. Pero qué profunda, qué abismal diferencia en las dos culturas.

Allá, en la vaquería de la pampa, no se interrumpe el trabajo para jugar, para cantar, para beber; incluso, no hay ese conflicto. Acá, en la edificación, el trabajo está tan compartimentado, tan precisamente clasificado, que se constituye en puro despliegue o desgaste de energía física. Es el trabajo de acarrear, de tirar carretas, de cargar. La «obra negra» es una abstracción simple y mecánica de todo el complejo, riquísimo y múltiple trabajo de la edificación.

Allí no cabe el juego, no cabe el canto, no cabe la plática.

Entonces se entiende el partido de fútbol, al sol del mediodía. Es mucho más solaz, más descanso que la siesta en el prado; porque es el pequeño paréntesis para adivinar, para dar, de pronto, con ese hueco mágico que, a través de las defensas, deja pasar el gol. Es el pequeño espacio de la invención, de la fantasía, de la creatividad; en una palabra, del juego.

Y el hecho de que este intervalo no se pueda insertar o entregar en la faena (como ocurre con los galerones en la vaquería del llano adentro), sino que haya que asaltarlo a la fatiga del día y, además, a la vía pública, ilegalmente, es algo simbólico.

Es la otra cultura. La «cultura del tiempo libre».

Yo amo la cultura del tiempo libre.

Y no es casual que sea tan eficaz y valedero este ejemplo del fútbol en la calle, porque se trata de un juego absolutamente excepcional entre todos los juegos humanos. Piense usted solamente en esta circunstancia: el televidente que sigue un partido es, sin lugar a dudas, también un jugador, igual que el hincha en la gradería, el defensa o el delantero del onceno. Cada uno juega su propio partido. Cada uno entrevé las posibilidades de una anotación, las siente, las calcula, las vive, las precipita. A veces, las acierta; a veces, las erra, a su manera, como el que está en la grama.

Entonces, por ejemplo, en el final de un mundial de fútbol, ¿cuántos «jugadores» participan?, ¿cuántos juegan? De pronto, ocurre que la mitad de la humanidad puede estar jugando un mismo partido.

Las culturas del tiempo libre son otro mundo, otra categoría absolutamente diferente, en comparación con las culturas tradicionales, que llamamos «del tiempo total».

Quiero hablar aquí de dos elementos, o dos sucesos, que caracterizan la historia de la formación de las culturas del tiempo libre en la Edad Moderna. Pero ello con una anotación, que resulta inevitable: llamamos Edad Moderna a toda la historia humana que llega hasta hoy, que alcanza a llegar, con su oleaje, hasta esta orilla del siglo XX, y que viene desde lejos, desde sucesos como el llamado «descubrimiento de América», hace cinco siglos, sucesos que colocaron a Europa en el centro de un intercambio o un mercado por primera vez mundial o planetario.

Es decir, que la Edad Moderna sería el tiempo cuando las diferentes «humanidades» o núcleos humanos originales, aislados unos de otros, desde millones de años, se relacionan y se integran formando una sola humanidad. Y el carácter o el signo de este tiempo es la idea de que, en lugar del destino, como ley entre los hombres, desde la más remota antigüedad debe prevalecer el designio, es decir, la divisa de la razón.

Y este signo de los tiempos modernos se atemperaba o se hacía asequible a los hombres sencillos por la fuerza de la cotidianidad. Cada vez más ocurría, a medida que avanzaba esta historia, que el «destino» de la gente se desquiciaba. Por ejemplo, siempre había ocurrido que un hombre que nacía sastre en un hogar era sastre en su vida; o si nacía rey, era rey; o, en caso de que naciera esclavo, sería esclavo. Pero, de pronto, el sastre de origen o el siervo o el paje saltaron por encima de su destino y se hicieron señores, dueños o empresarios.

De repente, el hombre común, gracias a la apertura del mundo, al riesgo de «hacer América», por ejemplo, rompió con su destino natural e impuso su destino individual.

Y algo más: este profundo cambio en las relaciones humanas se fue expandiendo desde Europa hacia todos los confines del mundo, de forma que ya no se trataría de un hombre o de un «héroe» que rompe con las amarras del pasado, sino de una civilización asentada en un lugar del mundo, la que parecería ir modelando a su imagen el mundo.

Pues bien, es esta Edad Moderna, tan «juiciosa» o llena de juicio, aparentemente, y cuyo centro es la llamada «civilización occidental»; es este el escenario donde surgen, se definen y toman cuerpo las culturas que hemos llamado del «tiempo libre».

Nos referimos a ese momento que hemos querido ilustrar y dignificar con la escena del fútbol en la calle: los obreros le arrancan allí, a la jornada monótona y mecánica, un pequeño espacio de luz, de creatividad, de fantasía, es decir, de juego. Es el rescate histórico, constante, tenaz del «tiempo libre», por parte del usufructuario del mismo, o sea, del trabajador.

Pues bien, este rescate o reivindicación tuvo lugar en el periodo de tránsito del trabajo manual al trabajo fabril, cuando el hombre de las herramientas, con millones de años de existencia, cedió su turno al nuevo hombre de las máquinas.

Son tres siglos justos: el XVIII, del cual nos hemos ocupado, siglo de la máquina de vapor; el XIX, siglo de la electricidad; y el XX, de la microelectrónica.

En este largo tránsito, ocurrió que el trabajo del hombre, en su expresión más humana, la industria, perdió su humanidad. Ya hemos visto cómo, a partir de la producción fabril moderna, hacer obra de arte y hacer utensilios o valores de uso serían dos tareas distintas. Y ello con una lógica muy clara: en la fábrica del productor, el obrero no volvería a hacer nunca un zapato, ni menos un reloj, y ni siquiera una aguja. Simplemente, el productor haría un pequeño fragmento del producto, un mínimo tramo, repetido mil o más veces al día o a la hora. Así, el trabajo se desintegraría, se deshumanizaría y, a la vez, el obrero se objetivizaría, en cuanto se integraría él mismo al complejo mecánico.

Fueron las ergástulas de la primera fase de la era industrial moderna.

Como todos sabemos, la sociedad había experimentado, antes de la «revolución industrial», este tipo de trabajo desarticulado o fragmentario en las diferentes modalidades de esclavitud en la minería, en el transporte, etc. Pero el trabajo de esclavos siempre estuvo a la retaguardia, siempre tuvo el peor instrumento, el más burdo y mellado.

Y solo cuando este tipo de trabajo, o mejor, de «anti-trabajo», por su deshumanización, se colocó a la punta del rendimiento, dando lugar a la tecnología más avanzada, pudieron los obreros modernos superar a los antiguos esclavos.

Y el ejemplo del partido de fútbol en la calle, esa rendija ilegal de juego y creatividad, partiendo en dos la jornada, vuelve otra vez a iluminarnos en esta disertación. En definitiva, fue esto lo que ocurrió durante los tres siglos: los obreros rompieron sistemáticamente el ritmo de ese trabajo monótono, mecánico, abriéndole rendijas o ventanas de luz cada vez más anchas.

Por ejemplo, en las primeras manufacturas fabriles, los empresarios ingeniaban mecanismos para alimentar al medio día al grupo de operarios, en su mayoría mujeres y niños, sin necesidad de interrumpir la jornada. No fue fácil la resistencia para conseguir la hora del «almuerzo».

Como es obvio, toda jornada de trabajo tiene un límite. No puede ser mayor de 24 horas. Sin embargo, para los empresarios del siglo XIX, resultaba difícil lograr este límite óptimo, debido a la costumbre del sueño entre 109 obreros. Así que lo más que podía lograrse eran jornadas de 18 horas.

¿Cómo logró pasarse, a lo largo de dos siglos, de aquellas jornadas heroicas de 18 horas, a las de 14 y luego 10, hasta llegar a la clásica jornada actual de 8 horas?

Esta historia está profundamente ligada al hecho de que la fragmentación y la rutina, o sea, la mutilación síquica o la atrofia del productor se había convertido en un medio maravilloso para sustituir cada vez más el «golpe» del obrero por el golpe más duro y certero del martillo mecánico, para reemplazar el corte, la manipulación, el esfuerzo y, aun, la atención del trabajador, por un ejercicio mucho más rápido y preciso que la máquina.

De esa manera, ocurría que la presión de los operarios por abrirse espacios de recreo en la jornada, por ganar un dominical retribuido, por acortar las horas de trabajo, se convertía entre 109 empresarios en urgencia para acelerar el proceso de mecanización y automatización del trabajo. Sin duda, el símbolo maravilloso de esta historia de la «cultura del tiempo libre» es la famosa consigna obrera de finales del siglo XIX que se extendió desde Europa por los cinco continentes:

«Ocho horas para trabajar, ocho horas para dormir y ocho horas para lo que nos dé la gana».

Es la historia del Primero de Mayo, que originalmente ocurrió como una huelga mundial para imponer la jornada de las ocho horas. Es una historia, por esencia, ética y racionalista, impregnada del principio del deber ser. He aquí algunos himnos típicos del Primero de Mayo en el periodo de tránsito entre los dos siglos, XIX y XX.

Hoy es el Primero de Mayo.

*Nuestras ocho horas son el principio de
la victoria social, el primer paso hacia la
meta donde se dirige la acción sindical.
Nuestras ocho horas: un límite solidario
con los camaradas desempleados.*

*Nuestras ocho horas es emplearse a
limitar nuestra servidumbre, es encontrar
en nuestro hogar el tiempo de los estudios
fecundos.*

*Nuestras ocho horas es el placer
de pensar en lo que somos:
es afirmar y retomar así
nuestra dignidad de hombres.*

*Nuestras ocho horas es para mañana:
la ruptura de pesadas cadenas que
estorban todavía el camino de las
libertades que están cercanas.*

Era una historia laica, sin religiones ni dioses, pero también era una historia de la fe religiosa. Por ejemplo, los católicos catalanes consagran el Primero de Mayo a «Nuestra Señora de las Ocho Horas, virgen y mártir, patrona del proletariado universal».

Ahora bien, muchas cosas grandes que rodearon esta historia tormentosa se fueron disolviendo en los últimos tiempos, deshaciéndose como polvo. Por ejemplo, se deshace hoy el mito del «poder obrero».

¿Quién puede hablar hoy del «poder obrero» como panacea universal?

Sin embargo, queda esta «cultura del tiempo libre»; esta cultura que ya no está metida entre las venas, en las entretelas del trabajo; esta cultura que se prepara a integrar el trabajo dentro del tiempo libre como otro espacio lúdico, de goce y creatividad. Nos hallamos ante la expectativa de un grupo humano donde el «goce» de producir sea más creador, o rinda más en favor de la productividad, que el «lucro» o el beneficio de producir. Diciéndolo de otra manera, estamos ante la posibilidad de una comunidad humana en la cual predominen, ya no las relaciones sociales o contractuales, típicas del trabajo, sino las relaciones sociales, típicas del juego.

Donde el trabajo se transforme en juego.

CAPÍTULO QUINTO

La importancia de hablar mierda

A menudo me ocurre, en los pasos previos a una asamblea comunitaria, que estoy allí, con la vecina, la animadora, la líder, la vieja que mueve la gente, y conversamos como ver correr el agua. Simplemente conversamos. Hablamos por hablar.

Y, de pronto, sin más ni más, sucede que nuestra conversa (como cuando uno va río abajo, jugando, llevado por la corriente y se agarra por las ramas de un árbol de la ribera para saltar a tierra) salta a lo que nos corresponde, a lo que toca, al terreno firme. Y he allí que llegamos a lo que íbamos, a los asuntos de la asamblea comunal, porque hay algo nuevo, lo que yo no sabía, algo urgente. Discutimos. Yo me voy con cuidado. Le conozco a ella el cobre. Y el tema da para largo.

Sin embargo, sin saber cómo, por cualquier razón, hemos cortado. Nos descarriamos, nos desubicamos otra vez. Alguien interrumpió. Surgió un nombre. Y nuestra conversa se vuelve agua de nuevo. Hablar por hablar.

—Oiga, vecina, ¿se acuerda de Ernesto? ¿Qué se hizo Ernesto? ¡No lo he vuelto a ver!

Entonces él, Ernesto, adquiere dimensiones colosales. Es nuestro lugar común, el nexo, lo que nos une; porque los dos, mi vecina y yo, necesitamos amarnos, es decir, comunicarnos; y es imposible lograrlo así, de una vez, directamente. Bueno, ello sería posible si nos acariciáramos entre ambos o bien si nos diéramos golpes. Pero la vecina y yo somos apenas compadres. No somos amantes ni somos rivales. Simplemente conversamos. Ni siquiera nos damos la mano o unas palmadas al hombro, mucho menos un abrazo. Por eso necesitamos tanto a Ernesto. Ambos hemos tenido, de años atrás, voces y lances con Ernesto. Entonces se crea el triángulo mágico. A través de Ernesto nos encontramos ella y yo. Las dos relaciones, las dos historias, la de ella y la mía, con Ernesto, se entrelazan, se confunden.

Río abajo con Ernesto como en chalupa, embarcados; hablar, garlar, ranear, platicar. Hay tanta tela de dónde cortar. Y, de improviso, quién sabe, no entiendo cómo, volvemos al asunto crucial. Estamos de nuevo en lo que estamos, en los preparativos de la asamblea comunal (yo le conozco la cargadilla a la vieja, a mi vecina, sé bien para dónde va). En este momento, cuento cada palabra. Tengo cuidado. Ahora ya no estamos charlando. Estamos en el asunto, en el negocio. Estamos en lo que estamos.

Cuando yo era muchacho, la abuela encabezaba en la casa la oración del Santo Rosario y toda la familia coreaba; y también los peones y la servidumbre. Pero, de pronto, se cortaba la letanía de un tajo.

—¡La chucha! —gritaba la abuela—. ¡La chucha! ¡La sentí! ¡Se va a comer las gallinas!

Y todos saltábamos de la ronda, del ritual, iniciando la cacería.

—Santa María, madre de Dios, ruega por nosotros los pecadores—, volvía a encabezar la abuela, una vez terminada la faena, como si nada, como ver correr el agua.

Mi vecina y yo somos compadres. Ella lava ropa y conversa. Se las sabe todas. De casa en casa. Sin ella, no se hace nada aquí en la comunidad. Yo la acolito, claro está. Pero yo soy funcionario. Voy y vengo.

La gente se va arremolinando para la asamblea. Llegan desgranados, por grupos, o bien solos, uno por uno. Entran orillados, como con miedo. Por todas partes hay paliques, corrillos, ruedos. Es la tras escena de la asamblea comunal. Se está cocinando el rito, la ceremonia.

Yo no suelto a mi vecina. Estoy en lo que estoy. A esta asamblea va a venir la pesada. Estamos a la expectativa. Aquí se puede perder todo lo que se ha ganado. Hablamos. Hay que medir cada palabra: ahora no es charla. Ahora la palabra no se casa con la palabra. Ahora la palabra se casa con el asunto, con la idea. Ahora no hay tiempo que perder, la cuestión va en serio.

Sin embargo, mi vecina está hoy muy almidonada, muy de blanco, está echando lujos. Y no reparo en decírselo por embromarla.

—¿Es que viene el doctor, verdad?—. Y vuelvo a la carga con el traje y el doctor. Y ya estamos embarcados en el «doctor», río abajo. La última vez que vino... ¿y el otro?

—¡Bueno, ese no volvió!

—El otro, el chiquito, ¿qué se hizo?

Hablamos. Nos echamos un rato por ese atajo, sin querer. Porque el tiempo corre y no nos hemos puesto de acuerdo. Ya se sienten pasos de animal grande. No obstante, recuperamos el tema, el terreno firme. No vamos a ceder, las cosas son como son. Hay que poner todo en su punto. Pero mi vecina no da prenda y yo me azaro.

—Vecina, ¿usted qué dice? En la comunidad no puede haber secretos. El tipo ni siquiera permite sacar fotocopias de esos papeles. Vecina, ¿ese asunto se va a tratar o no se va a tratar?

Ahora ya es tarde. Ya está entrando la comitiva y el rumor se asienta. Ya nadie alborota más. Los corrillos se disuelven, encuentran su acomodo. Algunos se quedan de pie, quizás para facilitar la escapada.

Y es en ese momento, ¡Dios mío!, cuando tiene lugar el milagro. Es ese milagro increíble de la transfiguración o la metamorfosis de mi vecina, de esta buena mujer que se mete en cualquier escondrijo del barrio, que es uña y mugre con cada uno, con todo mundo.

Es increíble, pero es cierto. Sucede que se lee el orden del día y, en primer lugar, está ella, el saludo y el informe de ella.

Así que mi amiga, mi interlocutora, mi vecina, pasa a la tribuna y empieza a hablar frente a la asamblea. Habla mi vecina, pero no es ella. Desde que ocupa la tribuna, se transforma. Como cuando uno engatilla el arma o le corre el seguro. Es la metamorfosis, el milagro.

Yo la miro. Es ella, sin duda. Es la de siempre, es su aire, su rostro. Pero aquello que la distingue, lo que le da su alma, el habla, su discurso popular, se ha perdido. Ahora es otro cuento. No habla mi vecina. Es distinto. Solo ora, solo sermonea. Porque su discurso va en serio, es lineal. Y yo la desconozco completamente.

No ha ocurrido ningún cataclismo, nada. Solo que mi vecina ha cambiado de lugar. Ha dejado el rincón donde departía conmigo y está un poco más allá, unos metros más allá. Está frente a la asamblea. Entonces ocurre como si su rico discurso popular se hubiera puesto de perfil. Se torna filudo, lineal. No que sea engolado o artificioso. Sigue siendo sencillo, pero ahora es terriblemente uniforme, parejo, es unidimensional. No tiene contrapunto. No tiene la otra dimensión. No tiene aire por dentro.

Naturalmente es su idea, es su experiencia. No es una arenga conceptual; es descriptiva y a menudo anecdótica. Pero allí no hay pierde, no hay la palabra por la palabra misma. Como siempre, mi vecina es ella. Es tenaz, es reiterativa. Vuelve sobre el asunto una y otra vez. Pero no es su discurso. Es el discurso prestado, de oficio, oficioso.

¿Por qué? ¿Por qué ella tiene que abandonar su habla, su rica comunicación, su ser? ¿Por qué tiene que prestar a otro el discurso por el solo hecho de cambiar de lugar unos pasos y colocarse delante de su gente?

¿Por qué ella no puede eludirlo, no puede escapar del discurso oficioso u oficial si está allí, entre su misma gente, como la que más? Si ellos son ella.

Pero es verdad. Existen los dos discursos. El discurso popular y el otro, el ritual. El del maestro en su cátedra, del tribuno en el ágora, del cura en el púlpito. Esto lo conocemos bien y lo sufrimos siempre. Incluso, lo padecemos a nivel de puro vocabulario.

Todo discurso oficial, del aula, de la plaza o de la iglesia es opacado; es pobre de léxico, así sea sofisticado o erudito. Porque siempre debe despojarse, por principio, de las palabras más ricas, refrescantes o recursivas: las palabras vulgares.

Por ejemplo, el discurso oficial o formal no disfruta nunca, o casi nunca, de la palabra «mierda». Sería útil, en su ayuda, un seguimiento, por ejemplo, del empleo asombroso de esta palabra en la obra de García Márquez. Veamos:

Y mientras tanto, ¿qué comemos? El Coronel necesitó 65 años de su vida, minuto a minuto, para llegar a ese instante, se sintió puro, explícito, invencible en el momento de responder: mierda.

Alguna vez envié a un periódico sindical un texto en el cual comentaba que a Vargas Vila lo leían lo mismo 108 doctores que 108 obreros o las putas. Entonces la directiva del gremio sometió a votación la palabra maldita. ¡Y ganaron las putas!

Recordemos, a propósito, el clásico:

—*Ay hideputa, puta y qué rejo debe tener la muy bellaca, dice Sancho Panza al escudero del Caballero de los Espejos.*

—*Ni ella es puta ni su madre lo es, replica el otro.*

Recuerdo que, de niño, mi madre recomendaba: «¡Mis hijos, por Dios, no digan palabras!». Las llamaba así, «palabras», a secas, como si fueran las únicas, las palabras por excelencia.

Pero esta libertad o riqueza en el léxico del discurso popular, frente al oficial, no es sino la primera señal de la supremacía del primero.

Lo importante, lo decisivo, es lo que vengo anotando. Cuando mi vecina recupera su humanidad, al dejar la oratoria, y debe empezar acá, en el rincón, conmigo, la conversa; entonces ella habla en serio, quizás más en serio que en la tribuna, en cuanto está más cerca, en cuanto dialoga. Pero, de pronto, se cuela ella misma por algún portillo de la trama del compromiso, de su explicación, y solo habla por hablar.

Hablar por hablar es un juego. Es el más común, el más noble y generoso de los juegos humanos y, por eso, el más socorrido con el don de la risa. Allí el lenguaje es desnudo, no tiene objeto, es pura comunicación. O mejor, su objeto es solo signo o señal de comunicación. Pero hablar en serio, reconstruir el mundo con palabras, apuntalar la palabra con la idea y el objeto, hablar por algo, digamos por hacer la comunidad, es otra cosa; y yo pienso que igualmente importante.

La vida social está hecha, ciertamente, como una trama, ya desde la familia. Es la trama del progreso, donde se asienta el futuro. Pero, por favor, que corra el aire entre los hilos de la trama. Que la trama social no nos ahogue. En realidad, el hombre es el único animal trascendente, el único que tiene que zafarse del presente y preguntarse «¿para qué?». Es el único que no puede vivir solo para el momento, para la hora.

Pero no por ello puede perder la hora o el momento. No por ello puede dejar el goce del presente. Y el discurso popular reproduce o recrea esta doble dimensión de la cotidianidad humana. No es unívoco. No es simplemente vertical, como el discurso oficial. Es biunívoco, vertical, constructivo y, a la vez, horizontal, a lo ancho. Es pura comunicación humana.

He allí la importancia de platicar, de garlar, de la conversa, del palique, de hablar por hablar. La importancia de hablar mierda.

CAPÍTULO SEXTO
Los círculos de lectores

Una variante importante que introdujo en Europa la popularización del libro, a partir del siglo XVI, consistió en que, por primera vez en la historia, el «mensaje» que llegaba de afuera, hasta la comunidad, tenía alas, o sea, era capaz de volar por sí mismo.

Durante millares de años, anteriores a este suceso extraordinario, el mensaje que venía del «otro mundo», es decir, del mundo exterior a la comunidad, había tenido siempre un portador personal y este era, obviamente, el viajero. Era, por lo tanto, un mensaje con dueño.

Aquel que regresaba del exterior traía la noticia, la «nueva», mala o buena. Era ese, precisamente, el privilegio del viajero. Un antiguo refrán árabe refrenda este prestigio ancestral cuando dice: «Si quieres que tus amigos te estimen, viaja o muérete».

El mensaje de afuera, que viene del «más allá», no tiene controversia o parangón en la comunidad. Por esa razón es, de por sí, «verdadero» y su portador es el que tiene la verdad. De allí que, desde los tiempos remotos de las culturas orales, primitivas, se estableciera la costumbre de que Dios fuera «hombre». Y no me refiero a los «dioses» o deidades corrientes, sino a «Dios». Porque el hombre, como guerrero o comerciante, como gran cazador o pescador de alta mar, era el viajero oficioso en la comunidad ancestral, el portador habitual del mensaje de afuera, o dueño de la «verdad». En una palabra, era el ser más parecido a Dios.

Y fue la popularización del libro, en el siglo XVI, lo que vino a romper con el privilegio del portador del mensaje de afuera. Porque, entonces, le nacieron alas al mensaje, de tal manera que llegaba por sí mismo a la comunidad.

Y aquí es necesaria una precisión. No me estoy refiriendo al «primer libro», por así llamarlo, es decir, al libro élite o de casta que existió desde la antigüedad, desde los orígenes de la escritura alfabética. No nos referimos a este «primer libro», al del «papiro», del «pergamino», el «palimpsesto» griego o bien el misal medieval. No hablamos de este libro «acaparado», siempre en manos de «gigantes» o «dioses», como en la mitología del origen del fuego. Estoy hablando del libro que apareció con la Edad Moderna, desde el siglo XV; el libro popular que podríamos llamar el «segundo libro». Es el libro personal, privado, del cual usted dice «este libro es mío» o «es mi libro», sin pensar en el autor; del libro propio, el del lector. Este es el libro que no solo fue producto del prodigio de los tipos móviles de Gutemberg, sino del abaratamiento del papel, gracias a los molinos de agua y viento; de las tintas por virtud de la alquimia y, sobre todo, de la apertura del mercado.

Pues bien, fue con este «segundo libro» que se crearon, a partir del siglo XVI y con centro en Europa, lo que podríamos llamar hoy los «círculos mundiales de lectores de la Edad Moderna». El primero de ellos sería el de los protestantes, fundado por Martín Lutero. Entonces, el libro sería recitado y alabado en millones de círculos de lectura; repartido como el pan en la comunión de los fieles, coreado y cantado entre los pueblos. Y el texto único sería esa famosa enciclopedia hebrea y cristiana que, por cierto, lleva el nombre de «libro» en lengua griega, la *Biblia*.

El segundo círculo de lectores, ya por el siglo XVIII, sería el de los liberales y jacobinos. Entonces, las carretas de los libreros recorrían los lejanos caminos aldeanos, rompiendo las más duras barreras de la censura de la aristocracia dominante. Y la «biblia» ya sería de Rousseau o de Voltaire.

Finalmente, tendríamos, a partir del siglo XIX, el tercero y último de los grandes clubes universales del libro que hicieron historia en el modernismo: el «club socialista», cuya biblia sería un pequeño folleto escrito en 1848, titulado *Manifiesto del Partido Comunista*.

Fueron tres inmensos movimientos de círculos de lectura que tuvieron por objeto ayudar a la gente en el llamado «libre examen», o sea, en la exégesis o interpretación del mensaje de afuera; mensaje que ya no tenía dueño o portador personal. He allí la variante importante que introdujo, con el libro, la popularización del texto escrito en la historia moderna.

Con la popularización del libro, a lo largo de la Edad Moderna, hasta muy entrado el siglo XX, ocurrió lo que enseñan las «sagradas escrituras»: «El verbo se hizo carne y habitó entre nosotros».

Ahora bien, parece necesario hacer aquí alguna anotación sobre el hecho decisivo que precedió, millares de años, la popularización del libro desde el siglo XVI. Nos referimos al descubrimiento de la escritura alfabética. Es un hecho histórico que no existe virtualmente ninguna cultura humana que carezca de escritura. Porque ningún pueblo soporta que el viento se lleve todas las imágenes de sus palabras o de sus tambores y, por eso, se propone eternizarlas, ya sea en barro o en piedra o en pieles, cuando no en cortezas vegetales. Se empeña en moldearlas o grabarlas en una escritura significativa cualquiera.

Pero el advenimiento de la escritura fonética fue un cambio decisivo en la historia humana. No en vano existe toda una antiquísima tradición religiosa que hace coincidir este extraordinario acontecimiento ni más ni menos que con la creación del mundo.

Dice así un texto escolar, llamado *Citolegia*, que hasta hace poco tiempo era de uso oficial en las escuelas colombianas:

El mundo fue creado por Dios cuatro mil cuatro años antes de la venida de Jesucristo. Por consiguiente, la edad del mundo en este año de 1960 es de cinco mil novecientos sesenta y cuatro años.

Conservo con amor un ejemplar de este pequeño manual para neolectores, el cual empieza con el alfabeto y termina con el sistema métrico.

Precisamente, y hasta donde puede saberse, hace seis milenios que, entre otros, los pueblos sumerios, en el Cercano Oriente, inventaron o descubrieron la escritura alfabética. De alguna manera, existe lógica en la convención, bastante generalizada, según la cual la prehistoria termina con el descubrimiento de la escritura alfabética; y, a partir de allí, surge la historia humana.

El caso es que, si usted lee en escrituras prealfabéticas el «discurso de las cosas», escrito de una u otra manera, por ejemplo, en cerámica (y estoy pensando en los grandes relatos de la patología de los incas del Perú, una enciclopedia en la cual cada página es una réplica reducida, en barro, del paciente de una conocida y determinada enfermedad), ya está pensando en abstracto, ciertamente, e incluso con una gran riqueza de abstracciones. Pero algo muy diferente ocurre si usted lee el discurso humano, ya no de las cosas sino de las palabras, usando la propia escritura fonética que ellas generan.

En este caso se lee una doble signatura, signos de signos; y, entonces, sucede como si lo simbólico se neutralizara a sí mismo hasta permitir una especie de estupor o arrebato por el hallazgo de la armazón misma del lenguaje, por la pura lógica formal de las oraciones. Ahora bien, es indudable que este arrebato, por el hecho de apoderarse de la lógica del discurso humano, no pudo tener consecuencias realmente revolucionarias, sino cuando se produjo la popularización del texto escrito en la Edad Moderna.

De allí que la historia del «segundo libro», principalmente a través de las corrientes ideológicas proselitistas, que hemos denominado los tres grandes círculos de lectores, fue algo que facilitó inmensamente el tránsito, a partir del siglo XVI, desde la «arqueología del saber», como diría Michel Foucault, hasta la historia misma del saber; o sea, el saber sistematizado o científico.

Pienso, a propósito, en el enigma de un indígena americano, hace 500 años, cuando veía al europeo leyendo solo, en voz alta, para reforzar la memoria, un texto escrito, digamos, por ejemplo, una «célula real». Según los cronistas, el indio comentaba el suceso de esta manera:

—Debe estar loco el hombre, pues se coloca un paño blanco delante de la cara y entonces empieza a hablar solo.

Recibir un mensaje desde afuera, del otro lado del océano, en 1492, era empezar el nuevo diálogo en la historia, el del solitario, el del libro mío, personal, el libro del lector.

CAPÍTULO SEXTO
El buen amor

Hay una famosa reflexión de Estanislao Zuleta, bien conocida, por cierto, en torno a lo que es la esencia misma del humanismo moderno.

Puedo enunciarla así, tal como creo haberla aprendido de él: se hace hoy mucha exégesis, mucho escrutinio de los derechos humanos. Se los clasifica y multiplica constantemente. Sin embargo, toda esta codificación, cada vez más universalizada y amplia, en el contexto de 109 derechos políticos, sociales, laborales, culturales, etc.; podría resumirse en un solo derecho humano que los reúne a todos: el derecho a ser distinto.

Opinar, es decir, pensar en voz alta, es la primera expresión del derecho a ser distinto. La privacidad, ese espacio sagrado del hogar, de la comunicación, que tan fácilmente atropella al radicalismo, tanto de derecha como de izquierda, es eso: el derecho a ser distinto.

Ser asociado, ser miembro de una asociación, solo es verdad si allí existe el derecho a ser el otro, a ser distinto, es decir, a ser minoría. Y, finalmente, el derecho a la vida, el fundamento mismo de todos los derechos humanos, es este: el derecho a ser distinto.

La crisis de la sociedad moderna, en su conquista social fundamental, la de los derechos humanos, tiene allí su expresión más abrumadora. Por ser distintos, por ejemplo, «comunistas» o «judíos»; o bien por ser simplemente «negros», han sido asesinados, oficialmente, millones y millones de hombres y mujeres en los países «desarrollados»; mientras en las áreas del subdesarrollo, donde existía el llamado «socialismo real», por ser distintos, es decir, disidentes o contrarrevolucionarios, también fueron asesinados, oficialmente, millones de mujeres y hombres.

Y todo esto ha tenido lugar en los tiempos más avanzados del modernismo, en pleno siglo XX.

Pero ahora vemos qué importancia tiene históricamente la propuesta de Estanislao Zuleta, que pone a girar todo el sistema de los derechos humanos alrededor de este eje: el derecho a ser distinto. Según la filosofía moderna racionalista, las relaciones sociales entre los hombres, asumidas como relaciones contractuales, de deber y derecho, son omnímodas prácticamente, son totalizadoras. Y esta concepción de la comunidad conduce a una ética humana que consiste en «respetar» la diferencia, es decir, en respetar la opinión o la actitud o la conducta contraria; o, en otras palabras, consiste en aceptarla de buen ánimo o tolerarla.

Mi vecino es ateo y yo, por mi parte, soy creyente. Entonces no toco el lindero, eludo el tema cuando nos encontramos, respeto su mundo, lo acepto. Como en la historia de *El Principito*, de Antoine de Saint-Exùpery, él habita su pequeño planeta solitario y es el rey allí, al igual que yo reino solitario en mi pequeño planeta.

La libertad de cada uno llega hasta tocar el lindero de la libertad del otro, en la ética del deber y del derecho. Mi compañero de trabajo es apolítico y yo, por mi parte, soy un verdadero animal político, vivo de hacer política. Pero yo respeto la diferencia, guardando la distancia. Por ejemplo, no le hago proselitismo.

Así entiendo el derecho a ser distinto.

Mi hermano es alcohólico, es un borracho. Yo, por mi parte, soy abstemio y detesto los borrachos. Pero yo tolero a mi hermano, me hago el de la vista gorda. Hay un lindero que no puedo traspasar.

Y el marxismo, en definitiva, no vino sino a legitimar esta concepción holista de la comunidad humana, al establecer que, en «última instancia», hay siempre un determinante social único: la economía.

Por esa razón pensamos que la intención de Estanislao Zuleta, al proponernos, con mucha lógica, que traduzcamos todo el código modernista de los derechos humanos en un solo principio, el de la diferencia, el derecho a ser distinto, es una intención toda preñada de la crítica profunda que hoy avanza ampliamente frente a ese pensamiento moderno; crítica que todavía no ha encontrado nombre propio y apenas se reconoce a sí misma por su posición en el tiempo y el espacio como «postmodernismo».

Cuando Zuleta hace énfasis en aquello de que todo gira alrededor del derecho a ser «distinto», nos está enseñando que ya no se trata solo, o simplemente, de aceptar, respetar o tolerar que el otro sea distinto, es decir, situarse, frente a otro, en el plano de las relaciones puramente sociales; sino que se trata de intrigarse, de interesarse, e incluso de apasionarse por esa diferencia. No solo acepto o respeto que el otro sea distinto. No, algo más, me gusta, me atrae, me enamoro de esa circunstancia.

Es decir, siguiendo nuestra hipótesis de la cultura humana, concebida como un encuentro de las relaciones sociales y de las relaciones sociables, se trata de trascender la moral de la socialidad hacia la moral de la sociabilidad, es decir, de la ética del deber a la ética del amor.

Mi vecino es ateo y yo, por mi parte, soy creyente. Pero yo pienso, para mí, quizás, de pronto exista otra manera de creer que toma ese nombre, ateísta. Puede ser. De todos modos, quiero oír a mi vecino, siempre oírlo. No quiero respetar la distancia o la diferencia. Quiero ganármela.

Mi compañero de trabajo es apolítico. Yo, por mi parte, siempre he sido un animal político. Y ahora pienso, oyendo a mi vecino, que existe una política nueva, distinta, la de los «apolíticos», la cual yo no conocía. Pienso que había perdido mucho guardando la distancia, tolerando o aceptando simplemente al otro.

Mi hermano es alcohólico, yo soy abstemio y siempre he detestado a los borrachos. Y ahora descubro que mi hermano tiene una sobriedad distinta a la mía, mucho más empeñada y heroica, mucho más tenaz. Una sobriedad diferente, que no puede salir a flote, sino de tarde en tarde. Descubro que he ganado a mi hermano por no tolerarlo, por no guardar la distancia, por acompañarlo apenas un día en su bohemia.

En mis conversaciones hogareñas, tanto en comunidades marginales como integradas, a menudo el otro me habla así:

—Sí señor, le digo la verdad, mi mujer es buena, es una buena mujer. Se esfuerza ella. Hace cuanto puede. Pero, óigame, hay un problema. Es que usted no la conoce. Es terca, usted no se imagina, es terca como nadie. Donde mete la cabeza, por allí tiene que ser. Uno no puede hacerla entrar en razón.

En el inventario de mis conversaciones hogareñas, de casa en casa, en mis investigaciones comunitarias, aparece este vocablo, esta palabra mágica: «terca» (o bien «terco», porque también lo encuentro, aunque no tan usualmente, al hablar con la «otra», con la esposa). Este término es impresionantemente socorrido o frecuente.

«Terca» quiere decir que es «distinta», que no va con él. Significa que ella existe, por lo tanto. Y eso, quizás a él, al hombre, no lo apasiona, no lo atrae. Como si quisiera vivir solo en este mundo.

Pienso que el verbo más parecido a «amar» es »escuchar». Por esa razón, si me tocara simbolizar un amante, quizás pintaría un hombrecillo con unas orejas descomunales, como antenas parabólicas. En verdad, el único regalo que uno le puede hacer al otro, legítimamente, es escucharlo palabra a palabra.

He aquí una experiencia reciente:

Llego a mi oficina de trabajo con un texto que me tenía entusiasmado. Se trata de una evaluación sobre nuestros programas comunitarios y sobre nosotros mismos como funcionarios, hecha por un grupo de mujeres pobres, amas de casa, en su mayoría madres solteras.

El documento empieza así:

Nosotras cargamos la mierda y ellos, los funcionarios, vienen limpiecitos, siempre para ver y estudiar cómo es que cargamos nosotras la mierda. Y luego se van igual, limpiecitos, y no se llevan siquiera el olor de la mierda. Pero, con el estudio que han hecho, van a los foros y a los simposios y hacen crédito y prestigio, mientras nosotras seguimos cargando la mierda.

Llego con el texto pretendiendo entronizarlo en la cartelera de la oficina con letra grande y lo leo a mi compañera de trabajo.

—No. No me gusta, no me convence. No es verdad —dice mi colega.

Pero yo tengo una pasión, y es que cuando una opinión me contraría, cuando puede echarme a perder un proyecto, entonces aguzo el oído, escucho más. Porque, repito, nunca estoy de acuerdo con respetar o tolerar solamente la opinión contraria. Pienso que es mejor enamorarse de ella, intrigarse, buscar la manera de apropiársela.

Así que yo la empujé a hablar más y paré mi oído. Y ella habló así:

—A veces, visito a alguna persona que ha pasado por una tragedia; y, entonces, no pienso jamás que tenga algún consejo útil o solución para ella. Solamente voy a oírla, eso es todo.

La oigo horas y horas y hablo solamente para abrir espacio a nuevas confidencias.

—Yo pienso —añadió— que a menudo nosotros cometemos un error al suponer que es posible promover desde afuera un cambio social en una comunidad determinada. Y es más grave el error cuando se lo damos a entender o se lo decimos a la gente de la comunidad. Hay algo de eso, seguramente, en el origen de esta evaluación.

Hablaba esta mujer maravillosa mirando a los ojos, como siempre; y terminó su discurso, palabras más o menos, así:

—En Colombia, hay trece millones de personas que viven cargando la mierda, es decir, con «necesidades básicas insatisfechas», como dice el eufemismo oficial. Pero allí están y viven, descubriendo cada día por sí mismos recursos increíbles que nosotros, como funcionarios, ni siquiera podemos imaginar. Se trata, solamente, de acompañarlos y oírlos, de enriquecerse con sus necesidades; y, de pronto, aprender de ellos soluciones y difundirlas.

Es esta mi experiencia más reciente en el oficio de oír.

He ensayado muchas veces, con los campesinos mineros, «baharequiar» la arena en una batea para sacar el grano de oro. Es todo un arte.

Y pienso que saber oír es algo semejante, pero con una diferencia: oyendo al otro uno trabaja, uno baharequea, pero es él quien gana, el que encuentra el grano de oro. Porque si usted tiene paciencia y oye dos veces, es decir, oye las palabras y, además, los silencios o las pausas y lo que está detrás de las palabras del otro, con seguridad el otro se anima y se ilumina y encuentra en el diálogo esclarecimientos o luces que él solo quizás nunca encontraría.

Por lo general, los humanos oímos con alguna facilidad al hermano, al compañero de trabajo o al vecino, porque oír horizontalmente a aquellos que están en nuestro propio nivel social es, un poco, oírse a uno mismo. Pero otra cosa es oír desde arriba, a aquellas personas que se encuentran en un estrato social inferior, saberlas oír, natural y profundamente. O, quizás algo aun más difícil: saber oír «desde abajo», a las personas que se encuentran en un estrato social, o en un estatus dignatario más alto.

Siempre me ha preocupado mucho por este arte que podemos llamar saber oír verticalmente. Pienso que una persona se enriquece mucho si logra hacer con paciencia este difícil aprendizaje. Y estoy seguro de que, en el arte de saber oír verticalmente, son decisivas las relaciones enteramente lúdicas, las inútiles, las de la sociabilidad.

Repetimos una vez más: en la comunidad humana no existe solamente el sistema de relaciones necesarias, relaciones útiles, de derecho, de dar y recibir, relaciones recíprocas o contractuales, basadas en el respeto mutuo. También existe, a la vez, el otro tipo de relaciones, más libres o más fáciles, menos firmes y más fluidas.

Y vamos a tomar ahora como paradigma y símbolo de esta modalidad de vínculo entre los hombres el momento supremo de ellos: el amor.

¿Cuál es el signo, cuál es el sentido de una relación amorosa? Sin duda es el entusiasmo ingenuo por la diferencia. Es la pasión o el apasionamiento espontáneo por lo distinto.

Es algo que va siempre a los extremos. Recordemos al cronista del *Descubrimiento*, don Pedro Mártir, cuando hablaba de la «índole de las mujeres que les gusta más lo ajeno que lo suyo, de manera que las indias aman más a los cristianos».

Porque cualquier amante razona siempre al revés, por así decirlo:

Ella tiene las manos largas, muy largas. En mi familia no. En mi raza todos tenemos casi recortadas las manos. Qué absurdo. Todo el mundo debería tener largas las manos.

Ella tiene negros los ojos. Yo siempre crecí entre gente de ojos claros, en mi familia somos zarcos. ¿Cuánto hemos perdido? Qué hermoso es tener negros los ojos.

Ella es apresurada, como que quisiera saltarse por encima de sus propias ideas, casi se atropella. Y yo recuerdo que mi padre nos enseñó lo contrario: a hablar casi contando una a una las palabras, sopesándolas. Siempre me pareció excelente ese discurso de mi padre. Pero ahora, por primera vez, lo pongo en duda.

Es el amor. Es el gusto primordial de lo contrario, es el interés o la acechanza, el entusiasmo por lo que no va con uno, por lo que no es de su atavismo, su raza o su costumbre, por lo distinto.

Para los griegos, que eran lo mismo heterosexuales que homosexuales, no existía un espacio aparte y privilegiado del amor. No había el deslinde entre el amor y la amistad que existe entre nosotros.

Ahora bien, yo debo partir siempre, y de ello no tengo dudas, de aquel otro sistema de relaciones entre los humanos que se basan en el respeto mutuo, en la tolerancia. Porque la comunidad ha sido construida así, a mis espaldas. ¿Qué culpa tengo yo de que mi hermano, hijo de mi mismo hogar, sea un borracho? Yo no lo escogí como hermano. Pero él es mi hermano y está allí conmigo en el hogar. ¿Qué culpa tengo de que mi vecino, a quien yo no escogí, me haga la vida imposible con su manía de los animales? Vive lleno de animales y con su música a todo volumen.

Por eso, debo partir de allí, de las relaciones útiles, necesarias, interesadas y recíprocas. Hoy por ti, mañana por mí; las relaciones de la tolerancia y del respeto mutuo.

Pero ¿por qué no universalizar también el amor? ¿Por qué no volver costumbre y cotidianidad ese otro modo o modelo de relaciones entre los humanos?

¿Por qué no trascender la ética del deber a la ética del amor?

CAPÍTULO SÉPTIMO
Magia y ciencia

En el oficio de educador de adultos, a menudo tengo oportunidad de convivir con aquellos que yo llamo los «sabedores» populares, porque están integrados, de la manera más natural, tanto a sus culturas orales, indígenas, esencialmente míticas, como a nuestra civilización letrada y con pretensiones científicas. Son, a veces, médicos naturales; otras, pastores de sectas religiosas; frecuentemente, maestros; y, en general, líderes de la comunidad y educadores populares.

Son la gente que cree en milagros. Una vez pregunté a alguno de ellos: «¿Usted sí cree en los milagros?» A lo cual me respondió, sin vacilar: «Bueno, ¿y en qué más se puede creer?». Son supersticiosos y fabulosos, magos, cuenteros; y, sin embargo, siguen con algún cuidado la noticia y la vida internacional. Son televidentes asiduos y, en alguna medida, lectores.

Asisten frecuentemente a talleres de capacitación sobre los tres saberes: saber aprender, saber hacer y saber ser. Y de cuando en cuando, van a foros o simposios de nivel académico; y, por supuesto, confían mucho en el saber sistematizado.

Voy a dar un ejemplo de algunos de ellos, relatando episodios de mis encuentros con su vida y sus trabajos, para ilustrar este asunto de la formación de una cultura nacional en Colombia.

Porque entiendo que la cultura de un país se forma de esa manera, integrando su magia y su ciencia, haciendo aflorar el subsuelo, las arcaicas culturas orales, del tiempo total, con toda su mitología totalizadora, a ese mundo de las letras, de la cultura moderna, del «tiempo libre», de la cultura del libro y de los medios de comunicación masiva.

La primera historia tiene lugar Llano adentro, ya en la frontera con Venezuela, a la orilla del alto Orinoco.

Una noche estaba visitando allí, en su casa campesina (por cierto, bien protegida entre arboledas), a una de estas sabedoras, una modista y líder comunal que escribe cartas comunitarias con letra impecable y con una envidiable ortografía. Me había invitado a cenar moñoco con palometa, una especie de pan o cazabe de yuca que se acompaña con un delicioso pescado de agua dulce.

Estábamos en la cocina-comedor seis personas: ella, mi anfitriona; su marido, un pescador artesanal; tres niños, entre ellos uno de brazos; y yo. Apenas terminábamos los saludos y nos habíamos acomodado, unos en bancos y otros en el suelo, para empezar la visita, cuando fue entrando muy orondo, tranquilamente, con paso reposado, un nuevo huésped, que cruzó la puerta, atravesó todo el ambiente y vino a colocarse al pie de mi amiga, casi pisándole los pies.

Miré con mucha curiosidad a este intruso que había entrado, sin más ni más, como Pedro por su casa, y se apostaba allí, al pie de la dueña, y luego nos pasaba revista a todos con unos ojos inquisidores. Era un pájaro raro, casi negro, zancón, de un color grisáceo oscuro. Si usted lo ve, se le presenta algo así como una especie de avestruz en «bonsai». Sin duda, era un alcaraván, alguna variedad de alcaraván.

—Usted no conoce, maestro, estos pájaros del Llano —me dijo la mujer, mientras le sobaba el plumaje al animal.

Y como yo le asegurara que no, entonces se interesó especialmente en presentármelo.

—Es un guerere —me advirtió— un guerere macho. Ese es el nombre propio de él. Pero aquí en el Llano, lo llamamos «ñenguere». Por mi parte —añadió—, yo le tengo su nombre personal: se llama «negro».

El pájaro oyó su nombre y volteó a mirarla a ella, señalándola con su pico descomunal.

—Maestro —me dijo entonces la mujer—. ¿Usted no ha oído cantar nunca al ñenguere llanero? Pues ahora lo va a oír.

—¡Cante, negro!, cante —ordenó. Y yo me quedé perplejo, porque inmediatamente se nos vino encima un silbido atronador, agudo y entrecortado como una matraca.

El pescador y los muchachos no hacían sino reírse de mi susto, hasta que la mujer ordenó:

—Negro, ¡cállese! —y el pájaro cortó de inmediato.

Entonces, fue cuando ella comenzó a contarme la historia de sus relaciones amorosas con esa ave, que ya llevaban diez años.

—Maestro, este animal es muy raro —comenzó diciéndome—. Hace diez años que vive conmigo, desde antes de casarme. Nunca ha tenido pareja que yo le conozca. Uno ve que todos los machos ñengueres se aparejan, aunque sean muy chotos, muy de la casa. Pero este no, a este no le ha dado nunca por allí.

Y el pájaro a los pies de ella, vigilante.

—Maestro, yo le digo, este animal es raro. Usted no se imagina. Por ejemplo, cuando yo me ausento por una semana o más, que voy a Villavicencio o a Bogotá, él se desaparece, se pierde, nadie lo vuelve a ver, como que le da rabia la casa. Pero tan pronto regreso vuelve a aparecer.

Ella me cuenta, mientras atisba el fogón, desescama las palometas y le da tetero a la cría.

—Usted no me va a creer, maestro. Él se da cuenta cuando estoy embarazada. Se da cuenta desde el principio. Pobrecito. Entonces le da por pisarme los pies para que yo le haga caso. Me pisa y me pisa por hacerme señas. Y ya yo sé lo que quiere. Las primeras veces, cuando vino el primer muchacho, este, que ya está grande, yo no le entendía. Despúes me di cuenta. Él me pisa para que yo me vaya con él al monte, para que lo acompañe. Usted no me va a creer, maestro.

Y mientras ella cuenta, el ñénguere allí, estático, como si estuviera oyendo palabra a palabra, y el marido se ríe de la historia mientras sirve el aguardiente.

—¿Yo qué hago, maestro, yo qué puedo hacer? A mí me da lástima de este pájaro. Y yo termino haciéndole caso y me voy detrás de él, y salimos de la casa y él me lleva monte adentro, lejos, hasta que llegamos... ¿Y sabe usted?, maestro, ¿sabe usted?, ¿se imagina usted? Llegamos a un sitio. Mire, maestro, eso es muy raro. Llegamos al sitio y le digo, cada embarazo es un pasaje distinto. Pero resulta que llegamos y allí el pájaro ha hecho un nido grande y muy hermoso, con mucha paja y plumas y todo, un nido hermoso. Entonces me señala el nido con el pico, me está mostrando ese nido. Pero, dígame, maestro, ¿yo qué hago, yo qué puedo hacer? Dígame usted, ¿cómo puedo yo acostarme con este pájaro?, ¿cómo?

Entonces yo entiendo la pregunta. Ella no me está diciendo cómo es posible que me acueste o cómo puede ser posible. No. La pregunta no es figurada. Es directa. Ella piensa que yo, con mis mañas y mi pedagogía, que bien conoce, de pronto, puedo explicar, a mi modo, con filosofía, lo que ella solo explica a su modo, supersticiosamente.

—Maestro, ¿cómo puedo acostarme yo con un pájaro?

Durante los tres embarazos ella ha hecho este idílico paseo muchas, pero muchas veces. Hay una relación amorosa profundamente mítica entre los dos. Y es allí donde falla mi saber.

—Maestro, usted viera, cuando yo me regreso a casa y él se queda solo en el nido, entonces es la tragedia. Porque no vuelve a aparecer semanas enteras; y, cuando aparece de nuevo, está hecho una lástima. Uno se da cuenta que se ha tirado a morir, que se ha enlagunado y da pena. Maestro, este animal sí es raro.

Entonces llega la hora de comer. Ella sirve y cada cual se lleva su plato y su gaseosa a su puesto, porque no hay mesa. Comemos todos, con hambre, y también el «negro», que come palometa como si fuera cristiano.

Y de pronto, sin saber cómo ni cuándo, ya nos hemos olvidado del «negro» y de su historia, y estamos hablando del taller, de la pesca y del Orinoco. Viene la música y yo me empeño en bailar con la sabedora, por puro oficio, porque quiero enseñarles a ellos un juego, una dinámica. Y de esa manera, llego a echarle el brazo encima a ella y, ¡Dios mío!, ese animal, que allí seguía estático, invisible, del cual nadie se acordaba, salta sobre mí, desesperado, atacándome a la cara. Y si no es por la mujer, que lo domina a manotazos, tal vez me saca los ojos en ese lance de celos. Pasado el susto, el trance y la risa, yo tengo tiempo de explicar a mis compañeros que este es el primer conflicto serio de celos en que yo me he visto envuelto en toda mi vida.

Entonces, empiezan las historias sobre amores entre bestias y humanos.

—Las más comunes son las de las micas —dijo el pescador, y contó algunas de ellas.

Quiero recordar esta porque me parece que nos viene como anillo al dedo en la memoria de los sabedores populares que me propongo hacer.

El hecho es que la mica del cuento era un personaje en el hotel donde se alojaban los técnicos del Gobierno y de las empresas contratistas. Hacía amistad fácilmente con los huéspedes y tenía fama de desvivirse por los hombres. Así fue como se enamoró perdidamente de un antropólogo visitante y protagonizaba con él escenas escandalosas que hicieron época, por mucho tiempo, en el pueblo, y de las cuales todavía se habla.

Pero el episodio crucial de la historia ocurrió en la despedida de los amantes, cuando el profesional había concluido su misión y debía partir. Por supuesto, el dueño del hotel se fue hasta el terminal con la mica y mucha gente estaba preparada para la función.

Y de pronto, sin saberse cómo ni cuándo, la mica desaparece y no hay nada que hacer. Hay verdadero revuelo porque se va a aguar la fiesta, pues ya está listo el barco y la gente pasa a bordo. El hotelero está desesperado; el antropólogo, sin saber qué hacer; y los muchachos, corriendo aquí y allá por ganarse la paga que se ha ofrecido. Hasta que alguien, uno de los embarcadores, tiene una idea genial.

—Esa mica maldita —dice— está en el barco, está de polizona. Se va a ir colada, con el doctor.

Y entonces se hace la requisa y encuentran al animal escondido en el depósito de maletas y lo traen a tierra cuando ya el barco ha desamarrado y no hay tiempo de despedida. Y la mica berrea desesperadamente como si la estuvieran degollando.

—¿Por qué? —le pregunto yo al pescador—. ¿Por qué? ¿Cómo puede ser posible esto? ¿Cómo es posible que el animal, por más enamorado que esté, sea capaz de hacer programa?

Y los acoso con la pregunta, porque de algo he estado yo seguro siempre. Un perro, por ejemplo, puede ser el más mañoso, el más inteligente de todos los perros, pero nunca hará programa. Ni siquiera un programa de fin de semana y mucho menos de un viaje largo. Algo sé yo: que la mica solo vive en el presente, así esté muy enamorada.

Pero, entonces, el pescador me saca de apuros sin mayor esfuerzo.

—No, maestro, no piense en eso. No le ponga tanto misterio. Lo que pasó, tal vez, es que la mica se embarcó detrás del olor de las maletas del antropólogo. Eso creo yo.

—Y el embarcador, ¿el embarcador sabía eso o se lo imaginó?

—No, seguro que no. Pero el embarcador siempre está pensando que todo mundo es polizón, hasta una mica.

Y aquí concluye mi primera historia de los sabedores.

Pienso que un hombre culto, o mejor, una persona culta es aquella que, a pocos años de estar en una comunidad, ya la gente se ha olvidado de que no es de allí, que es de afuera o es migrante. Porque pronto se hace al habla y a la fabulería o la leyenda del pueblo. Porque se ríe mucho cuando es de reírse mucho y adquiere fácilmente el gusto del aliño o la comida propia de los de allí. Y para mí, un «sabedor» popular es, por lo general, un hombre «culto»; o sea, alguien que se ha integrado en más de una cultura nueva, es decir, en más de una comunidad distinta a aquella que lo vio crecer.

He conocido personas blancas, de ascendencia castellana pura, por ejemplo, de la montaña antioqueña, ya viejos y que no saben leer una letra; pero de una cultura extraordinaria en cuanto se han integrado, por ejemplo, a una comunidad negra del Pacífico y allí son más que vecinos: son patriarcas y líderes, son personajes representativos de una civilización absolutamente auténtica y extraña a su ascendencia.

El episodio que voy a narrar ahora se refiere a uno de estos «sabedores». Era o es un pastor protestante venido del interior, del alto Cauca, indio a más no poder; y que no solo es pastor de almas, sino líder popular en un pueblo del litoral Caribe colombiano.

Pues bien, nunca pude explicarme en mis andanzas con este personaje el hecho de que estuviera esperando la llegada del Mesías a muy corto plazo (¡Cristo viene, espéralo!), y, a la vez, tuviera confianza en planes oficiales de vivienda popular; que no solo son a largo plazo, sino que nunca se sabe cuándo se cumplen.

Tenía ese sentido maravilloso de las profecías mágicas populares, que nunca fallan porque la fecha a partir de la cual se cuentan no es fija, sino que va caminando con el profeta. Sin embargo, el enigma más grande sobre él, en mis reflexiones, es una deuda de gratitud que yo le tengo de por vida. Sucede que una vez, cuando me trajo en su automóvil a descansar en mi hotel, me preguntó sobre mi salud con muchos rodeos y preámbulos.

—Maestro —me dijo—. ¿Cómo está de salud?

—¿Por qué? —le respondí—. ¿Por qué me lo pregunta?

Y entonces se refirió, con detalle, al hecho de que a mí me temblara la mano derecha, notablemente, al llevar la tiza al tablero.

—¿Usted no ha consultado al médico? —me dijo.

Yo le expliqué que, precisamente, el médico me había aconsejado la acupuntura y que el especialista en ese arte incluso había utilizado corrientes eléctricas para activar las agujas. Pero el hombre no se rendía.

—¿Usted por qué no busca un neurólogo? —me dijo—. Yo le aconsejo, busque el neurólogo.

Entonces, le conté el origen posible del mal, el cual era la fractura de un huesecillo de la muñeca.

—Mire —le dije—, convénzase.

Pero nada valía. No había poder humano de convencerlo.

—Ese temblor no es de su mano —me repetía—. Ese temblor es de su cabeza. Hágase ver del médico, maestro, yo se lo digo.

Definitivamente me desesperé porque no sabía a qué atenerme. ¿Quién era este hombre, este sabedor popular? ¿Cómo pensaba? ¿Era un mago o era un sabio? Así que resolví leer sus revistas de proselitismo misionero para ponerlo a prueba.

—Hermano —le dije un día—, he leído su mensaje y, por ejemplo, me encuentro con esto —y entonces le señalé el texto.

—Mire, hermano, aquí dice textualmente que cuando Cristo aparezca en los cielos, a la hora de su advenimiento, lo verán todos los hombres. ¿Se da cuenta?

Y añadí algo con sarcasmo:

—¿Se da cuenta? Porque yo dudo, hermano, de que todos los hombres puedan verlo, debido a una circunstancia.

—Usted sabe, hermano, que el mundo es redondo —y le hago con las manos la bola—, así, redondo.

Pero él no me deja terminar:

—¿Entonces qué? —me corta—. Entonces lo ven todos, porque él aparece a la vez en todas partes ¡Allí está la gracia!

Pues bien, con esta experiencia yo me conformo. Ya no creo, ya no pienso más en el alarmante diagnóstico de mi mano.

Porque, de seguro, el pastor no está en su juicio. Sin embargo, sigo con la espina en el alma. Le descubro más temblores a la mano derecha y termino buscando al neurólogo. Y es esta la deuda de gratitud que tengo con el sabedor. Se comprobó que era exacto lo que había dicho el Pastor. El mal estaba en el cerebro. Era el mal de Parkinson.

El tercer «sabedor» popular, al cual voy a referirme, es un personaje que conocí ya hace mucho tiempo, cuando yo era educador de sindicatos en el Valle del Cauca.

Es un hombre culto en el preciso significado del término al que ya he aludido. Finquero de origen, es decir, campesino de pura cepa, nacido en la frontera con el Ecuador. Se hizo líder sindical en los ingenios azucareros del alto Cauca, integrándose a una cultura urbana profundamente diferente y, a la final, terminó de llanero en el oriente, donde volvió a hacer finca y es guerrillero y líder agrario. Cuando lo conocí, en las huelgas del azúcar en el Valle del Cauca, yo era profesor de marxismo. Me impresionaba la versión fantástica que hacía, como maestro, de las categorías económicas. Por ejemplo, su explicación, en la teoría del valor, sobre trabajo abstracto y trabajo concreto.

Se colocaba frente al grupo de estudiantes obreros y decía:

—Si yo, por ejemplo, contrato un pintor para que me pinte este muro, ¡este!, ¡véanlo!, ¡y el hombre viene y echa solo una mano de pintura y ya!, solo una mano; entonces eso queda transparente, de modo que se ve el revoque del cemento. Eso es lo que se llama un trabajo abstracto. Pero si, en cambio, el hombre llega y se pone a la obra con sus cinco sentidos y resana y echa la base; y luego echa dos o tres manos y la pared queda tupida, ¡eso es un trabajo concreto!

Me tocó verlo una vez, ya en el Llano, mientras pescaba, verlo cómo enfrentaba a un predicador protestante.

—De manera que usted también es testigo de Jehová —le dijo al pastor.

—¡Cómo no!, para servirlo, —le contestó el otro.

—Y dígame usted, ¿cuántos testigos de Jehová cree que habrá en Colombia?

—Creo que hay unos diez mil —le explicó.

—Entonces yo no voy a entrar a esa religión —le dijo mi amigo, recalcando mucho en el «no».

—¿Y por qué? ¿Por qué no? —dijo el Testigo.

A lo cual mi hombre, este sabedor «marxista», dio una respuesta increíble. Una respuesta que no olvidaré nunca. Le dijo:

— ¿Sabe por qué? Porque yo creo que un tipo como Jehová, que necesita tantos testigos, no debe ser de buena fe.

Pero las historias suyas, que quiero narrar aquí, especialmente, según mi intención de ilustrar el sentido de las culturas orales en nuestro país, son estas.

El hombre llegó tarde, con un retraso fatal, de dos o tres días, a un taller sobre historia campesina que hacíamos en una escuela política rural.

—Compañero —me dijo—, yo sé lo que he perdido, lo que es una enseñanza suya. Pero, le digo, de puro milagro estoy aquí.

Y entonces me contó la historia en detalle. El hecho era que, semanas atrás, en sus labores en el monte, lo había picado una serpiente venenosa.

—Me picó la verrugosa y usted sabe que eso no tiene contra. No hay remedio que valga. Lo único es el rezo, que lo recen a uno. Por eso, allí mismo me hice rezar.

Y luego, de la manera más convincente, añadió:

—Sin embargo, óigame, camarada, allí estaba el problema. Porque resulta que el rezo hace efecto si uno cree en él. Eso hay que creer. Pero, usted sabe, profe, usted sabe, como yo soy marxista, entonces me cuesta trabajo creer y allí viene el problema. Uno creyendo y no creyendo. De modo que el efecto del rezo se demoraba mucho más. Como dos semanas demoré en curarme.

Y he aquí la otra historia. Una mañana viajábamos a hacer leña, en el monte, toda la tropa de talleristas. Y este amigo, como siempre, iba punteando, en la delantera. De pronto, se detuvo en un alto y esperó, como un profeta, con la mano extendida, a que se fuera arremolinando la gente.

Estaba señalando con su brazo, mostrándonos a todos una piedra. En realidad, era una enorme mole de granito que se alzaba entre la maleza a una altura inusual.

—¿Ven esta piedra? Compañeros, ¿la ven?

Y luego añadió sentenciosamente:

—¡Cómo será de vieja esa piedra, camaradas, cómo será de vieja! Porque, yo les digo, los hombres y todos los animales crecemos lentamente, a veces necesitamos diez o veinte años para ser del tamaño que nos corresponde. Y luego tenemos a los árboles, que crecen todavía mucho más despacio. Un árbol que ya llega a su tamaño cumple los cien o los doscientos años.

Y completó así el sermón:

—Pero las piedras, compañeros, las piedras necesitan miles de años para crecer. Yo les digo, compañeros, cómo será de vieja esa piedra.

Quiero contar ahora la historia de una de mis mejores amigas, una médica natural del Chocó que vine a conocer una noche de Corpus, o fiesta de la Eucaristía, en Andagoya, un pueblo en la desembocadura del río Condoto en el San Juan. Yo había llegado al puerto en las horas de la tarde y quería hablar, de todas maneras, esa misma noche con un grupo de líderes sindicalistas con los cuales tenía concertada una entrevista hacía tres días.

—Va a tener que ser mañana —me dijo la mujer—, porque ya hoy no se puede.

Yo no me explicaba cuál podía ser el impedimento para encontrar a los compañeros esa misma noche, tratándose de un pueblo tan pequeño donde todos conocen a todos. Pero ella me lo explicó.

—Esta noche no se puede —me dijo—, porque estamos celebrando el Corpus.

Entonces yo le pedí mayor explicación.

—No se puede porque este año le toca la celebración a los del sindicato y entonces ellos tienen que hacer de ánimas del purgatorio. Si usted quiere, añadió, venga conmigo, para que vea que no miento. Vamos allí no más, a la orilla del río, al paso de la barca, para que vea que no miento.

Y nos pusimos en camino hasta que llegamos al embarcadero, donde no cabía más gente.

—Mírelos —me dijo la mujer—, véalos allí. Y me mostró la barca, un planchón grande, que se balanceaba en la penumbra como a la mitad del río.

Luego, poco a poco, se fue acercando la embarcación y, entonces, se empezaron a divisar los compañeros sindicalistas. Eran unos negros absolutos, todos, como solo se ve en el Chocó, y lucían túnicas blancas talares.

—Son las ánimas del purgatorio —me explicó la médica— las ánimas en pena.

Y luego añadió:

—Pero usted no sabe, son también las ánimas del río San Juan y del río Condoto, las que traen la lluvia para lavar el oro.

Los negros de las ánimas saltaron a tierra y, de inmediato, arrancó la música de la chirimía y empezó la procesión encabezada por el cura. Tenía razón la médica. No había nada que hacer esa noche, solo participar en la celebración.

Sin embargo, cuando llegamos a dormir, ya tarde, en la posada de ella, yo no le perdoné la clase de botánica. Entonces hablamos largo y cenamos algo hasta que nos venció el sueño. Y antes de echarme a la cama, le rogué que me indicara dónde estaba el baño, para hacer del cuerpo.

—Es allí —me dijo, abriendo la puerta que daba a un solar cercado y en pura playa. Yo me organicé como pude en alguna orilla del descampado, favoreciéndome de la noche de luna.

Me correspondía dormir en una buhardilla, a la cual daba acceso una escalera casi vertical, desde donde le eché una última mirada al pobrísimo mostrador de la tienda con las botellas vacías.

Y al otro día, ya entrada la mañana, cuando me aprestaba a bajar la escalera, me di cuenta de que la mesa del mostrador estaba boca abajo y las botellas, también boca abajo, colgaban de él. La verdad, yo no había bebido y tampoco estaba loco. Pero pronto se aclaró todo.

La casa estaba inundada, llena, como una piscina, de agua tan limpia que espejeaba el mobiliario.

—Maestro —me dijo la médica, que estaba embalconada mirando a la calle—, ¿quiere salir a desayunar?

—Pero ¿cómo? —le respondí—. ¿No se da cuenta que estamos inundados?

La mujer se rio mientras miraba la tienda en aguas con cuidado.

—Se entró el San Juan —dijo—, porque el agua está clara. No se entró el Condoto esta vez. ¿Quiere salir, maestro?

Y desde el balcón llamó a alguien a gritos y entonces entró por la puerta del rancho un boga remando una canoa y llegó hasta la escalera a recogerme.

Más tarde, ya de regreso, el San Juan estaba saliéndose todo de la casa y la médica me propuso que le ayudara a acabarlo de sacar, achicándolo con escobas. Así lo fuimos sacando del todo y le ayudamos con baldados de agua de lluvia de las canecas. Entonces, me dio curiosidad de examinar el servicio sanitario que había usado en el gran solar. Estaba impoluto, perfecto, mejor que un inodoro de sifón. Empezaba apenas a familiarizarme con una civilización anfibia.

Son estas las historias de los sabedores que yo quería contar aquí. Porque con ellas estoy buscando comprometer al lector en la naturaleza propia de la cultura colombiana, donde el pensamiento mítico o totalizador no solo está en el subfondo o en el envés del pensar analítico, del saber letrado, como ocurre en toda cultura, sino que aquí los dos planos se entrelazan y se traslucen el uno entre el otro. Es una cultura compleja o dual, en la cual la magia está a flor de piel, en los mismos poros de la ciencia.

Cualquiera de estos «sabedores», que hemos seguido paso a paso, es un personaje que configura la naturaleza peculiar nuestra. No hay un lindero o una distancia entre lo que es esencial en las culturas del «tiempo total» y las del «tiempo libre».

Vuelvo a pensar en la novia del alcaraván, en la hermosura de su mensaje. Pero no tengo ninguna duda sobre sus compromisos científicos en el trabajo comunitario. Los conozco bien.

He reconstruido escrupulosamente, atando todos los cabos sueltos, mi experiencia con el pastor de almas, el milagrero, y no dudo que él, a la vez, tiene un sentido de observación y sistematización envidiable.

Durante mucho tiempo me he ido acostumbrando a no explicarme este sincretismo, sino, por el contrario, a aprender de él.

Recordemos el texto clásico de Lèvi-Strauss, quien dice:

El pensamiento mágico no es un comienzo, un esbozo, una iniciación, la parte de un todo que todavía no se ha realizado; forma un sistema bien articulado, independiente, en relación con esto, de ese otro sistema que constituirá la ciencia.

Y añade:

...en vez de oponer magia y ciencia, sería mejor colocarlas paralelamente, como dos modos de conocimiento, desiguales en cuanto a los resultados teóricos y prácticos (pues, desde este punto de vista, es verdad que la ciencia tiene más éxito que la magia, aunque la magia prefigure a la ciencia en el sentido de que también ella acierta algunas veces).

El texto culmina brillantemente con esta imagen:

Sombra que más bien anticipa a su cuerpo, la magia es, en un sentido, completa como él, tan acabada y coherente, en su inmaterialidad, como es el ser sólido al que solamente ha precedido.

Con la circunstancia de que, en nuestras historias, como ve el lector, la «sombra» ilumina el «cuerpo».

Pensemos en el mejor arte colombiano, el cual expresa profundamente esta dualidad.

Recuerdo una vez que caminábamos por la ciudad en compañía de un campesino y nos detuvimos a mirar la ceremonia de inauguración de un edificio público. Entonces, mi compañero de ruta me llamó la atención.

—Mire, maestro —me decía—, ¡están bendiciendo esa máquina de allí, mire!

Y me mostraba una hermosa escultura metálica de Edgar Negret. Ciertamente, era una máquina, pero una máquina de magia, a la cual el campesino no le quitaba los ojos.

Conocí a Negret muy joven en una casa de campo en Popayán y no puedo olvidar su rabia o su violencia por un intento mío de hacer lógica o de razonar frente al misterio o la magia. Hablábamos recostados sobre el barandal del corredor, mirando al campo. Y, de pronto, la niebla tupida, blanca, nos cerró totalmente el panorama que ya comenzaba a oscurecer. Luego, poco a poco, muy lentamente empezó a surgir, ante nuestros ojos, una visión de espanto. Parecía como si la niebla se fuera llenando de huecos a través de los cuales se colara la noche.

No sé por qué diablos, de qué modo, yo até cabos, razonando. Tenía urgencia de razonar. De todas maneras, descifré casi de inmediato el enigma.

—Ya sé qué es, ya sé —dije, casi murmurando.

Y Negret gritó enfurecido:

—¡No, no! Es eso. Es lo que estás viendo. Son agujeros en la niebla.

Negret no tenía prisa.

Podía rescatar todo el tiempo del hechizo, del estupor, del animismo. Y luego, cuando fuera la hora, viniera la «máquina» esclarecedora de la experiencia, el mecanismo de la razón razonadora. Y esta ha sido su ley y su historia. Este ha sido siempre su mensaje.

Es nuestra cultura dual, biunívoca.

Pienso en Botero. Por ejemplo, un cuadro clásico suyo de los años sesenta que quiero mucho. El cura párroco está echado en la yerba, haciendo una siesta campestre. Al pie está la montaña, anunciada por los troncos enormes de dos árboles. El misal, tirado en el prado, está abierto.

Pero, por favor, observe bien, no es el cura mismo el que está dormitando allí, no es el hombre tranquilo, desgreñado, viviente, en la costumbre de su siesta al calor del sol. Es otra cosa. Es un ícono, una imagen. Con la sotana apretada, marrón, con el bonete calado, bien calzado, es un santo de altar, una estatua de porcelana, una cerámica, que usted puede desarmar, que puede zafarle los brazos, la cabeza. Es la visión mágica del cura del pueblo la que está acomodada allí en la loma.

Pero, ante todo, el cuadro es color, es pintura. La anécdota naufraga totalmente en la sincronía. El cura es rubicundo, radiante, y el altar donde está depositado, la pradera, es intensamente verde.

Sin embargo, yo creo que la expresión artística más totalizadora de esta cultura dual colombiana no está en la plástica, ni siquiera en el teatro, sino en la novela. Y pienso, sobre todo, en tres novelas de frontera: *María*, *La vorágine* y *Cien años de soledad*. Creo que, por eso, han dejado de ser lugareñas, por razón de su autenticidad. Eso lo aprendí en relación con la obra de Jorge Isaacs.

Alguna vez, en una escuela de Santiago de Chile, encontré que una maestra estaba leyendo con los muchachos el célebre episodio de la cacería del tigre en la novela *María*. Entonces, me pareció pertinente congratularla y le dije que, de alguna manera, este era un «homenaje a Colombia».

Pero la educadora no entendía para nada mi reacción. En primer lugar, me confesó que ella nunca se había imaginado que el libro fuera colombiano.

—¿De verdad es colombiano? —me repetía.

Tampoco que fuera chileno. Solo le interesaba que era un buen libro de lectura para su trabajo con los niños.

En segundo lugar, me dijo algo que me dejó desconcertado:

—Yo sí sé, de seguro, por ejemplo, que el Quijote es español, pero nunca me imaginaría que le estoy haciendo homenaje a España porque leemos ese libro con los muchachos.

Después de esta lección de una maestra de escuela chilena tengo mucho cuidado al hablar sobre estos tópicos. Por ejemplo, no volví a usar aquella muletilla mía, según la cual la verdadera capital de Colombia es Macondo.

El privilegio de estas tres novelas es que dejaron de ser de aquí, de ser «nacionales», precisamente porque rescatan la naturaleza peculiar, la autenticidad de nuestra cultura.

El conde León Tolstoi decía por allí, palabras más, palabras menos: «Conoce tu aldea y descubrirás el mundo».

Recuerdo haber leído la impaciencia de José Eustasio Rivera porque la magia en la leyenda de su novela desplazaba su denuncia al mundo del crimen de lesa humanidad que fuera la empresa de los caucheros en la selva tropical. El poeta buscaba la requisitoria de las compañías de seringueros y la crítica encontraba, ante todo, el mito en la novela.

Rivera no se daba cuenta de que las «verdades» de *La vorágine* eran mucho menos duraderas que sus «mentiras», que el mundo de las cosas allí fuera tan pasajero; y el mundo de la «sombra» de las cosas, de los símbolos, tan duradero.

Por eso, su obra, de principios del siglo XX, influiría fuertemente en el auge posterior de la novelística latinoamericana.

¿Y qué decir de *Cien años de soledad*?

Recuerde usted al penúltimo de los Aurelianos de esta novela. A este sátiro, enormemente incestuoso, que engendró el Aureliano cola de cerdo, con quien se acabó la especie. Era toda la magia de Macondo. Y, sin embargo, era él, a la vez, un representante innegable de nuestra ciencia académica, la de la llamada «Atenas Suramericana». Porque conversaba a menudo, a solas, con los espíritus de la más remota antigüedad clásica, porque amaba las lenguas muertas, el griego antiguo, el latín y, sobre todo, porque había reconstruido perfectamente la historia de su propio pueblo, pero en clave, de manera que nadie pudiera entenderla.

Si uno quiere explicarse la trascendencia de estas novelas, quizás tenga que pensar en algunos elementos que caracterizan la formación posible de una cultura nacional colombiana. Una de ellas es la permanencia de grandes conglomerados de las más diversas culturas orales, indígenas o mestizadas, que resistieron por siglos enteros la amenaza de la «civilización», sin que sus dioses alcanzaran a ser derribados de los altares. Nos referimos a los inmensos territorios de frontera: al suroriente, la Amazonia y la Orinoquia, escenario de *La vorágine*; al occidente el litoral Pacífico, escenario histórico de *María*; y al norte, el litoral Caribe, de *Cien años de soledad*.

Fue de esa manera, en la geografía, como se organizó originalmente la dualidad cultural, en su peculiar modalidad colombiana. En el centro andino, se formó el pequeño «país de ciudades», con la circunstancia de que en él está concentrada la inmensa mayoría de la población. En la periferia, apareció el mundo de las aldeas, los interminables reservorios de aguas vivas, muy dispersas, de las culturas orales, tanto de colonos blancos o mestizos migrantes como de comunidades indias autóctonas.

En el interior, está la urbanización, donde se definen cada vez más las formas de «cultura del tiempo libre», con su ruptura dramática entre «estudio» y «recreo» para los niños, entre «trabajo» y «deporte» para los adultos; donde el «fútbol en la calle» por fin logra empezar a imponer su legalidad en la reglamentación oficial de las llamadas «ciclovías». En el centro andino, está la «civilización», es decir, la «cultura de ciudad», en la cual el espacio privado es dominante y la arquitectura mira cada vez más hacia adentro de la casa; donde la vivienda es el refugio contra el infierno del espacio público, de la calle. En la frontera, se halla la cultura de los «pueblos», donde la arquitectura mira hacia afuera, el espacio público es la vida de la gente, las puertas están siempre abiertas y la privacidad está toda comprometida y atormentada por la comidilla aldeana, toda asaltada por el chisme, que es la materia prima del mito.

Ahora bien, el proceso inicial de «difusión cultural», por medio del cual estos dos espacios sociales, estas dos «Colombias», la del interior andino y la de las fronteras, empezaron a encontrarse, a fusionarse, dando lugar a una «cultura nacional», fue, de una parte, un hecho tardío, que había dejado asentar mucho, por siglos enteros, el agua; que había permitido definir muy profundamente las diferencias culturales. De otra parte, fue algo originado en un espacio externo a Colombia, al país en su conjunto, algo como una catástrofe que le vino desde afuera.

En la frontera Caribe, fueron las plantaciones de banano, el imperio de la United Fruit. En la frontera amazónica, fue la explotación del caucho natural, bajo el imperio de la Casa Arana.

García Márquez presenta la aldea, su gente, su hábitat, deshecha, arrastrada como «hojarasca» por el vendaval. José Eustasio Rivera asume el conflicto más directamente: es La Vorágine, el remolino arrollador.

En tiempos de la obra de Jorge Isaacs, cuando la «fiebre del tabaco» había sacudido al país, apenas si se anunciaban las hazañas de la «nueva conquista»; la que abrió dolorosamente el camino al encuentro de las dos Colombias.

Sería mucho más tarde, ya entrada la segunda mitad del siglo XX, cuando la difusión cultural que integraba la frontera y el interior entró en un segundo proceso, cuando ella tomó un cauce nacional propio, con el auge de las «colonizaciones armadas».

De pronto, quién sabe, esta nueva historia de difusión cultural llevará a otro ciclo de novelas trascendentales. De todos modos, y eso no se puede negar, Alfredo Molano ha venido desbrozando el camino, abriendo las trochas iniciales.

Pero las catástrofes de la «nueva conquista» del país, la de principios del siglo XX, tales como la del caucho o la del banano, hicieron en nuestros grandes novelistas el efecto de erupciones volcánicas. Rompieron la sedentaria corteza sedimentada de las culturas aldeanas de frontera y sacaron a la superficie, como lava ardiente, toda la magia, todo el pensamiento onírico o mítico.

Pienso que este es el primer balance o el punto de partida en la formación posible de una cultura nacional colombiana.

CAPÍTULO OCTAVO

Nicolás Buenaventura: un narrador conceptual

Recordar a Nicolás es oír su voz que nos invita a conversar, a compartir el pensamiento. A ese modo de establecer el vínculo con los otros, lo llamó sociable para diferenciarlo de las situaciones que llamó sociales en donde se trata de ser eficaces. A partir de esa distinción, Nicolás se ocupaba en sus trabajos de procurar la construcción de una sociedad donde el trabajo se sustentase en la alegría de cooperar.

Puesto en contravía de nuestra cultura cristiana donde el trabajo es un castigo, una sanción bien merecida por haber desobedecido el mandato divino, Nicolás nos echaba el cuento sobre el placer de trabajar. El que ahora era un proyecto, decía, ya había existido. Se trataba de activar la memoria y proyectar la experiencia recuperada hacia el futuro. Había que reavivar el trabajo en grupo.

El grupo como la unidad básica del obrar humano: el paraíso de Nicolás. Allí, decía, el tiempo no se parcela cronométricamente, sino que se despliega entero en la obra que el grupo realiza en su labor cooperativa. En esa medida el grupo lograba la síntesis entre el esfuerzo y el placer.

El colectivo teatral fue el ejemplo paradigmático de grupo para Nicolás. En el teatro presentar lo sociable en su contrapunto con lo social, es lo central del trabajo del actor y del colectivo que crea la obra. El carácter perenne de la experiencia teatral reside en que desde esa lógica intrínseca alimenta del diálogo con todos los tipos de experiencias grupales que constituyen la historia de la humanidad.

Mi amistad con Nicolás se inició hablando de teatro. En la casa del Partido Comunista estaba conversando con Santiago García sobre la Ciudad Dorada obra de creación colectiva del grupo de la Candelaria. Escuchando a los dos había un conjunto amplio de camaradas y de jóvenes universitarios convocados para una reunión sobre la política cultural del partido.

En un instante de silencio en la conversación hice un comentario sobre la obra y la tesis de Vygotsky, el psicólogo genético, acerca del teatro y la tensión entre el pensamiento y el lenguaje en las condiciones de la Revolución de Octubre. Nicolás se interesó, escuchó con una atención que no conocía, y luego tomó lo que yo había dicho para exponer la siguiente idea: las categorías de la política son categorías psicológicas. Mencionó entonces a Herbert Marcuse el autor de la idea y me sugirió que leyera su libro *Eros y Civilización*. Las tesis de Marcuse justificaron la rebelión estudiantil en Norteamérica y Europa.

Cuando se creó la revista *Estudios Marxistas*, me convocó para que escribiera sobre la política educativa y cultural. Fue así como sin darme cuenta, Nicolás se convirtió en un amigo muy especial, alguien que a pesar de la diferencia de edad y al prestigio que se le reconocía, me abordaba como a un igual y en sus argumentos y replicas lo que uno había dicho resultaba enriquecido por su sabiduría y embellecido con su gracia narrativa.

En una ocasión leí un texto de Nicolás que decía sobre la amistad lo siguiente: «… digo la palabra "amigo" expresando una connotación muy particular que ella ha tenido siempre en mi propia experiencia. Amigo o amiga en mi vida ha sido siempre alguien con quien me ocurre que, durante el diálogo estoy confundido a menudo, porque no atino a saber con cuál de las dos cabezas es que estoy pensando. Incluso con una ventaja de mi parte, que la otra cabeza casi siempre ha sido más joven, más renovadora y como más mi maestro».

Mi amistad con Nicolás fue un placer y un privilegio. Recuerdo un día en el Colegio Juan Ramón Jiménez. Era la clausura del año escolar. Estábamos contemplando los trabajos en plastilina de los diferentes cursos de la básica primaria. Nicolás me llevó hasta el lugar donde estaban las pequeñas esculturas de los niños y niñas de 4 a 6 años. El conjunto de estos trabajos tenían una libertad y una belleza que Nicolás comparó con las esculturas de Rodin. Luego me llevó hasta donde estaban los trabajos de los niños y niñas de 7 años a 12. El contraste era brutal, los monigotes en plastilina habían perdido todo encanto. Me dijo: —Gonzalo la sociedad tiene una tarea inmensa: saber por qué sucede esto y remediarlo.

La historia que voy a contar no se la escuché a Nicolás, pero quien me la contó se la atribuyó a él. En su trabajo como dirigente comunista en la década del cincuenta del siglo XX, estuvo en Manizales. Allí se encontró con los afiliados al partido: todos zapateros. El jefe de estos artesanos era un camarada muy autoritario y tenía por ídolo a Stalin. El taller que organizó Nicolás rompió con el esquematismo, la rigidez y los camaradas zapateros se entusiasmaron con el diálogo promovido por Nicolás. El camarada jefe muy molesto con la pérdida de control y autoridad, al otro día los reunió y les dijo que el taller con Nicolás se suspendía. Se armó, entonces, una rebelión contra esa decisión. El camarada viéndose acorralado, les dijo que de todos modos la decisión estaba tomada porque él había tenido un sueño en donde se le había aparecido Stalin y le había informado que Nicolás no era camarada sino trotskista.

Una de las últimas conversaciones que tuve con Nicolás fue a propósito de la enseñanza universitaria. Me dijo: —Gonzalo, esa discusión se empantanó con el uso ingenuo de las Tecnologías de la Información y la Comunicación y la universalización del plagio que es una tentación a un *clik* de distancia. El problema de la enseñanza universitaria es la escritura conceptual y narrativa—. Me dijo: —hay que insistir en un hecho fundamental: los dioses no son tipos ágrafos y para acercarnos a dialogar con ellos y la naturaleza hay que usar una narrativa conceptual.

Hay que agradecer a las hijas de Nicolás, su familia, a sus amistades y a la Cooperativa Editorial Magisterio la feliz iniciativa de editar este libro sobre los hilos invisibles del tejido social para celebrar los cien años de su nacimiento. El título del libro nos remite a la palabra final del personaje central de la novela *El Coronel no tiene quien le escriba*. García Márquez nos muestra al personaje en el límite último de la necesidad. Ante la pregunta de su mujer: «dime qué comemos», el relato se clausura así: «El coronel necesitó setenta y cinco años —los setenta y cinco años de su vida, minuto a minuto— para llegar a ese instante. Se sintió puro, explícito, invencible, en el momento de responder: mierda».

En el libro de Nicolás, la palabra mierda no surge de la necesidad y el apremio, aquí el producto del maravilloso proceso metabólico y digestivo tiene un sentido positivo. Se trata de exaltar una experiencia que es importante por ella misma, la pura y placentera experiencia de conversar sin que el flujo del habla sea estorbado por el cálculo egoísta y el frío interés.

Gonzalo Arcila Ramírez